Alexander Grillwitzer

**Die bildlichen Darstellungen in den Römischen Katakomben**

Als Zeugen für die Wahrheit der christkatholischen Lehre

Alexander Grillwitzer

**Die bildlichen Darstellungen in den Römischen Katakomben**
*Als Zeugen für die Wahrheit der christkatholischen Lehre*

ISBN/EAN: 9783743412262

Hergestellt in Europa, USA, Kanada, Australien, Japan

Cover: Foto ©Lupo / pixelio.de

Weitere Bücher finden Sie auf **www.hansebooks.com**

# Die bildlichen Darstellungen in den Römischen Katakomben

als Zeugen

für die Wahrheit der christkatholischen Lehre.

Von

Dr. Alexander Grillwitzer
Stiftsprior in Rein.

Zweite Ausgabe.

Mit 78 Abbildungen.

Graz.
Verlagsbuchhandlung Styria.
1886

# Inhalt.

|  | Seite |
|---|---|
| Einleitung . . . . . . . . . . . . . . . . . | 1 |
| Erste Abtheilung. Darstellungen aus der Geschichte des alten und neuen Testamentes . . . . . . . . . . . . . . | 6 |
| Zweite Abtheilung. Die Kirche, ihr Ursprung und Charakter | 18 |
| Dritte Abtheilung. Die Kirche in ihrer Thätigkeit . . . | 27 |
| Vierte Abtheilung. Die heiligen Sakramente . . . . . . . . | 32 |
| Fünfte Abtheilung. Die heilige Eucharistie als Sakrament und Opfer . . | 34 |
| Sechste Abtheilung. Das heilige Sakrament der Buße . . . . . . . | 41 |
| Siebente Abtheilung. Das Leben des durch die Gnade erneuten Menschen . | 46 |
| Achte Abtheilung. Christliche Tugenden . | 49 |
| Neunte Abtheilung. Mystische Darstellungen . . . . . . . . . . | 58 |
| Zehnte Abtheilung. Die Auferstehung der Leiber . . . . . . | 61 |
| Eilfte Abtheilung. Schluß. — Gesammtbilder | 65 |

# Quellen,

die bei Verfassung dieses Büchleins benützt wurden, sind:

Sainte Cécile et la société romaine aux deux premiers siècles. Par Dom Guéranger. Abbé de Solesmes.

Die neuesten Studien über die römischen Katakomben. Von Graf Desbassayns de Richemont

Die römischen Katakomben. Von Franz Xaver Kraus.

Das Martyrium in der katholischen Kirche. Von P. Georg Patiß.

# Einleitung.

Man staunet oft über die große Zahl der christlichen Martyrer in den ersten drei Jahrhunderten, besonders deren zu Rom und zwar Martyrer von jedem Stande, Geschlechte und Alter, und suchet für diese merkwürdige und zu keiner anderen Zeit so allgemein und konstant dagewesene Erscheinung die derselben zu Grunde liegenden Ursachen zu erforschen. Eine derselben, welche die Begeisterung zum Martyrium hervorrief und immer rege erhielt, möchten wohl die oftmaligen Besuche sein, die die Christen in jene unterirdischen allgemeinen Begräbnißstätten machten, die man kurz mit dem Namen Katakomben bezeichnet. Dort fanden sie sich zum gemeinschaftlichen Gottesdienste ein; dort brachten sie an Gedächtnißtagen an den Gräbern der Martyrer Gott Gebete und Opfer dar; und von Anfang an sehen wir die Kirche über die Gräber geneigt, wie eine Mutter sich über die Wiege ihres Kindes neigt.

Ueberall, wo sich diese Begräbnißstätten befinden, zu Rom, zu Cyrenaila, in der Krim, auf Sizilien, in Neapel, sowie auch in den unter den Kirchen von Rheims entdeckten Krypten, sieht man die Mauern mit Malereien geziert.

Der Charakter der Gemälde in den Katakomben ist nicht so sehr ein historischer, als vielmehr ein symbolischer, so daß sie die wichtigsten Glaubenswahrheiten unter der Hülle einer der Geschichte des alten Testamentes enthaltenen Person oder Begebenheit; oder unter dem Bilde eines Gegenstandes, welcher aus der sichtbaren Natur genommen war, darstellten.

Und dieses geschah über Anleitung und unter Aufsicht der höchsten Lehrautorität; denn, wie oft kamen die Vorsteher der Kirche, die Päpste selbst in diese unterirdischen Grabstätten, entweder um die heil. Geheimnisse zu feiern oder einen Dahingeschiedenen zu begraben.

Sie hätten es nicht ungeahndet hingehen lassen, wenn die in den Gemälden enthaltenen Belehrungen der apostolischen Lehre in etwas nicht entsprochen hätte. Die Gemälde waren aber auch zugleich der lebendige Ausdruck des Glaubens der Gemeinde und die Darstellung jener Wahrheiten, deren oftmalige glaubensvolle Betrachtung die einzelnen Christen mitten im Kampfe mit den Feinden des Christenthumes und unter den Schlägen der blutigen Verfolgung aufrecht und bis zur Martyrerkrone standhaft erhielt.

In Bezug auf die Martyrer selbst, über deren Grabstätte hier die heil. Geheimnisse gefeiert wurden, haben diese Gemälde überdies noch die Bedeutung, daß dieselben zur Zeugenschaft für die Wahrheit des Glaubens, den sie mit dem Munde vor den heidnischen Richtern bekannten, auch ihr Blut und Leben, selbst unter den ausgesuchtesten Peinigungen hingegeben haben.

Welche Gefühle und Regungen durchdrangen da jedesmal beim Anblicke dieser Zeugnisse die christlichen Seelen! Wie sehr mußte dadurch die Anhänglichkeit der Gläubigen an die Kirche befestigt und zu neuem Eifer erweckt werden. Wie die Liebe in ihrem schönsten Glanze sich zeigt, wenn sie leidend, kämpfend, blutend, verblutend, sterbend vor unsere Augen tritt, so erweist sich dem verständigen und fühlenden Herzen die heil. Braut Christi, die Kirche, niemals in solcher Anmuth und Schönheit, in solcher Herrlichkeit und Majestät, in so hinreißender Liebenswürdigkeit, als wenn sie im Martyrium für ihren göttlichen Bräutigam auf dem Opferaltar der Liebe sich hinschlachten läßt, um ihm sein Liebesopfer nach Kräften zu vergelten und ihre Treue zu bewähren.

Wenn daher die Staatspolizei eindrang in die dunklen Galerien dieser Grabstätten, so hätte sie keinen Grund, die Gemälde, die sie dort an den Mauerwänden fand und die nur den christlichen Gedanken darstellten, als zum Aufruhr gegen die öffentliche Gewalt aufreitzend zu erklären. Alles athmet hier Frieden und nichts war, das eine politische Reaction anzeigte, die etwa von Jenen beabsichtigt wäre, welche in den Grabgemächern dieser Labyrinthe die Leiber so vieler theuren Personen hinterlegten. Hie und da sieht man an den Fresken der Begräbnißhöfe die Abbildungen dieser glorreichen Opfer ihres Glaubens; aber keine Spur eines Widerstandes; nur einzig die Geduld war es, durch die sie siegten, nichts am Bilde der Personen deutet auf die Martern hin, die sie erdulden mußten.

Wenn man diese Helden und Heldinnen des christlichen Glaubens betrachtet, so gewahrt man nur, daß sie angelangt sind und wohnen am Orte des Friedens: in pace, d. i. im Frieden, „so steht über ihren Gräbern geschrieben".

Ja, sie standen da als die Sieger, und wir werden sehen, daß ihnen auch die Palmen und die Kronen nicht fehlen; aber wie der heil. Apostel Johannes sagt, der Glaube ist es, durch den sie die Welt überwunden haben. (1. Joh. 5.)

Wenn wir die Bekenntnisse, welche die heil. Martyrer vor den heidnischen Richterstühlen ablegten, mit den bildlichen Darstellungen und deren Inschriften vergleichen, welche wir in den Katakomben finden, so zeigt es sich, daß es beinahe keine Glaubenslehre gibt, welche nicht den Gläubigen der ersten christlichen Jahrhunderte bekannt war, und für welche die heil. Martyrer ihr blutiges Zeugniß abgelegt haben.

In diesen Bekenntnissen hat der heil. Geist die Glaubenslehren mit blutigem Griffel niedergeschrieben. Es gibt daher nebst den göttlichen Schriften, neben der mündlichen Ueberlieferung und neben dem Lehramte der heil. Kirche selbst keine untrüglichere, zuverlässigere und höhere Autorität für die Wahrheit und Göttlichkeit der Religion, der Lehre, des Gesetzes und der Heilmittel der Kirche, als eben diese Monumente der Katakomben übereinstimmend mit dem Leben der Martyrer.

Das Zeugniß, welches hier vorliegt, hat einen besonderen Werth in Bezug auf mehrere Glaubensartikel, welche in unserer Zeit bestritten werden. Was somit Häresie und Schisma im Verlaufe der Jahrhunderte von der Lehre der Kirche Christi Verschiedenes oder derselben Entgegengesetztes erfunden haben, das war schon bei seinem Entstehen von dem vorausgegangenen Glauben widerlegt.

Und was sie, um die Gelüste des Stolzes, der Habsucht und der Sinnenlust zu befriedigen, verworfen, dafür haben die Christen der ältesten Kirche mit Verachtung aller Reichthümer der Erde, aller Ehren der Welt und aller Freuden des Lebens, ja selbst ihres ganzen irdischen Daseins ihr mit Blut geschriebenes und in die Gedenktafeln der Zeit und Ewigkeit unvertilgbar eingegrabenes Zeugniß abgelegt.

Wir besprechen hier vorzugsweise nur jene Katakomben, welche sich zu Rom befinden, weil diese an Berühmtheit und Reichthum der Grabmäler alle anderen bei weitem übertreffen. Keine Stadt der Welt ist zu solcher Berühmtheit gelangt, wie die Roma. Sie war schon in alter Zeit die Hauptstadt der Welt, die Römer waren das mächtigste Volk, ihr Reich über alle Welttheile ausgebreitet, war ein Weltreich. Für uns Christen ist Rom noch mehr; es ist der Sitz des Stellvertreters Christi, der Mittelpunkt, gleichsam das Herz der katholischen Kirche. Deshalb haben es die Feinde der heil. Kirche auf diese Stadt vor Allem abgesehen: um sie ihres geistlichen Charakters zu entkleiden und sie zu profaniren, haben sie den heil. Vater zu einem Martyrer seines hohen priesterlichen Amtes gemacht. Aber nicht blos in der Gegenwart ist Rom zum Martyrium bestimmt, es war dies sein Loos schon seit Beginn des Christenthums.

Das Wort Katakomben, gleichbedeutend mit Krypta, Kruft, Gruft erscheint seit dem 9. Jahrhundert als der technische Ausdruck für alle unterirdischen Räumlichkeiten zu Beerdigungszwecken, nicht nur in der Umgegend von Rom, sondern auch in Neapel, Malta, Paris, Sizilien und wo immer derartige Grüfte aufgefunden wurden.

## Ortsbeschreibung.

Was nun insbesondere die römischen Katakomben betrifft, so gelangt man, wenn man Rom durch das Appische Thor verläßt, nach der zweiten römischen Meile an einem von Moder umgebenen, mit Weinbergen und Getreide bedeckten langgestreckten Hügel. Will man ihn besteigen, um herrliche Aussicht auf die Albanerberge und die Spitzen des Sabinergebirges zu genießen, so tritt man durch die der Stadt zunächst gelegenen Thüre ein. Je länger man hier den Weg auf das Plateau gegen Süden fortsetzt, desto mehr wird der Blick von einer gewaltigen, stolzaufrecht stehenden Ruinenmasse gefesselt. Eine Reihe offener Begräbnißstätten und unter der Erde führende Treppen überzeugen den Betrachter, daß man keine gewöhnliche Erde betritt und daß ihr Schooß große Erinnerungen bergen müsse. Wirklich, wir befinden uns auf einem der denkwürdigsten geschichtlichen Punkte des christlichen Roms; zwei Consular-Wege, die via (Straße) Appia auf der einen und die via Ardeatina auf der anderen Seite, ziehen sich den Hügel entlang und unter unseren Füßen zwischen beiden Straßen erstreckt sich jene Nekropolis (Todtenstadt), welche nach der des Vatikans vielleicht die berühmteste ist, das Cömeterium des Callistus.

In Griechenland bezeichnet dieses Wort ein einziges Grab, während in Rom eine Vereinigung von Grabstätten Cömeterium genannt wird, κοιμητήριον Schlafgemach mit Beziehung auf den Glauben der Christen an die dereinstige Auferstehung von dem Tode.

Es ist dies ein großartiges Labyrinth von Galerien, die unter den, Rom die ewige Stadt umgebenden Hügeln ausgehöhlt sind. Ihre Ausdehnung ist außerordentlich bedeutend; zwar ist das von ihnen eingenommene Terrain sehr begrenzt und geht nur selten über den dritten Meilenstein vor der Stadt hinaus; aber die Galerien sind in verschiedenen Stockwerken, oft vier oder fünf Mal übereinander angelegt und kreuzen sich in dem nämlichen Stockwerk selbst unzählige Mal, so daß die einzelnen Gänge aneinander gereiht eine Linie von etwa 120 geographischen Meilen, also fast die ganze Länge der italienischen Halbinsel, einnehmen würden. Die Galerien haben eine Breite von zwei bis vier Fuß, sind also im Allgemeinen sehr schmal; die Wände sind zu beiden Seiten von wagrechten Grabhöhlen und Nischen durchbrochen, die wie die geöffnete Scheide eines Buches aussehen; in jeder dieser Höhlen liegen eine oder mehrere Leichen. Von Zeit zu Zeit ist ihre Reihe durch einen Durchgang unterbrochen, der zu einer kleinen Kammer führt; auch in diesen Kammern sind die Wände, wie in den Galerien, mit Grabhöhlen angefüllt. Diese unterirdischen Anlagen dienten den ältesten Christen Roms als Kirchhöfe oder Cömeterien; als solche waren sie seit den Zeiten der Apostel bis zur Einnahme und Plünderung Roms durch Alarich (410) im Gebrauch. Im dritten Jahrhundert zählte die römische Kirche, der Zahl ihrer Tituli oder Pfarreien entsprechend, deren fünf oder sechsundzwanzig, neben denen es noch etwa zwanzig andere, meist geringeren Umfanges gab, isolirte Grabstätten einzelner Martyrer oder Eigenthum dieser oder jener Familie. Ursprünglich freilich gehörten sämmtliche Cömeterien einzelnen Familien oder Personen; die Villen oder Gärten, in welchen sie angelegt wurden, waren im Besitz wohlhabender Bürger, welche das Evangelium angenommen hatten und dann ihr Eigenthum dem Dienste Christi widmeten. Diese Personen gaben in der Regel den betreffenden Begräbnißplätzen ihren ältesten Namen, der sich bei einigen erhalten hat.

So nennt sich ein Cömeterium nach Lucina, die in den Tagen der Apostel lebte; ein anderes nach Priscilla, gleichfalls einer Zeitgenossin der Apostel; eines nach Flavia Domitilla, der Nichte Vespasians; wieder andere nach Cyriaca, nach Prätextatus. Andere Katakomben nannte man auch nach dem Namen Derjenigen, welche ihren Bau veranlaßten oder leiteten, wie St. Callistus, an der via Appia, St. Marcus an der via Ardeatina, oder nach den namhaftesten Martyrern, die in ihnen ihre letzte Ruhestätte fanden; so St. Hermas (= Basilla, Protus und Hyacinthus), an der via Salaria Vetus; endlich auch nach ihrer Lage, z. B. ad duas lauros an der via Lavicana.

Das Cömeterium in der via Nomentana wird gewöhnlich St. Agnese genannt.

×Wenn in einer solchen unterirdischen Begräbnißstätte ein Martyrer oder Blutzeuge beigesetzt wird, so nennt man sie auch Martyrium oder mit dem gleichbedeutenden lateinischen Ausdruck Confessio, und diese Benennung blieb bis auf den heutigen Tag gebräuchlich für die Krypten unter dem Hochalter der römischen Hauptkirchen. ×

Die einzelnen Grabkammern hießen Cubicula. In den meisten dieser Kammern und zuweilen auch in den Gängen erscheinen ein oder mehrere Gräber, deren Behandlung sorgfältiger ist; eine längliche, sargförmige Lade ist in den Felsen eingehauen oder an der Wand aufgemauert und oben mit einer mehr oder weniger starken Marmorplatte geschlossen. Die Nische, welche solche Gräber in ihrer ganzen Ausdehnung überspannte, war gewöhnlich halbkreisförmig ausgehauen und hieß daher Arcosolium. Diejenigen Arcosolia, welche Martyrergräber umschlossen, dienten an den Anniversarien oder Jahrgedächtnissen bei der Feier als Altäre; die Cubicula waren daher zum Theil einfache Familienbegräbnisse, zum Theil Kapellen und Versammlungsorte der Gemeinde. Um aber die Gegenwart möglichst vieler Gläubigen bei der heil. Feier zu ermöglichen, wurden oft zwei, drei oder vier Cabicula mit einander verbunden; sie erhielten dann gemeinschaftlich Licht und Luft durch ein s. g. Luminare, einen Schacht, der die Decke durchbrach und seine Oeffnung an der Oberfläche der Erde hatte. In manchen Abtheilungen der Katakomben konnten gegen hundert Personen auf diese Weise demselben Gottesdienst beiwohnen, während eine viel beträchtlichere Anzahl in den Kammern der benachbarten Galerien zerstreut war und dort das Sakrament aus den Händen der assistirenden Priester und Diakonen, die es ihnen dahin bringen mußten, empfingen. Diese Anordnung erhellt deutlich aus der Konstruktion der Katakomben selbst, wo der bischöfliche Thron, die Stühle für die Diakonen, die Bänke für die Gläubigen regelmäßig von vorneherein in den Felsen ausgehauen erscheinen.

Hier wurde die christliche Kunst in Schmerzen geboren; denn sie galt als ein christliches Bekenntniß, auf dem die Todesstrafe stand. Selbst zum Martyrium bereit, streute sie die Erstlinge ihrer Blüthen auf die Gräber der Martyrer in den symbolischen Bildern, welche die Wände der schauerlichsten Räume schmücken.

## Erste Abtheilung.

### Darstellungen aus der Geschichte des alten und neuen Testamentes.

Wenn man die Gemälde der Katakomben in Bezug auf ihren Lehrinhalt ordnen will, so ist es naturgemäß, daß man die dargestellten Thatsachen so aneinander reiht, wie sie in ihrer geschichtlichen Aneinanderfolge die Grundlage der christlichen Heilslehre bildeten.

Adam und Eva in der Versuchung zur Sünde.

Da bietet sich uns zuerst eine Freske in der via Nomentana dar, welche Adam und Eva am Fuße des Baumes der Erkenntniß des Guten und des Bösen darstellt.

Die Einheit des Menschengeschlechtes, seine Abstammung von der nämlichen Familie, die Prüfung, welcher unsere Stammältern unterworfen waren, die Versuchung durch die Schlange, dies alles ist in diesem bedeutsamen Bilde vorgestellt. Hierauf folgt die Geschichte der Erlösung.

Das Cömeterium in der via Lavicana zeigt den Christen die Darstellung jener Katastrophe, welche durch den Ungehorsam der Stammeltern herbeigeführt wurde. Die Sünde ist begangen, das Böse und durch dasselbe der Tod in die Welt gekommen. Adam und Eva stehen unter dem Baume, sich ihrer Blöße schämend, der Verzweiflung nahe. Die Schlange am Fuße des Baumes hebt das Haupt

Adam und Eva nach dem Sündenfalle.

empor wegen ihres Sieges; aber dieser trostlosen Szene gegenüber soll der Gläubige sich die trostvolle Verheißung in's Gedächtniß rufen, daß für die Schuldigen und das von ihnen abstammende Geschlecht ein Erlöser kommen werde, und daß durch den Fuß des Weibes der Kopf der Schlange werde zertreten werden.

Ein an den Fresken der Katakomben oft wiederholter Gegenstand wird uns unter Anderen in den schönen Gemälden des Cömeteriums der via Ardeatina vorgestellt, Noe nämlich und seine Aufgabe.

Wir werden auf diese Darstellung später, wo wir ihre symbolische Bedeutung in Erwägung ziehen, wieder zurückkommen: hier erwähnen wir ihrer in der Reihe der historischen Vorstellungen, als Eines der Lehrstücke der christlichen Unterweisung, hinweisend auf die Gerechtigkeit Gottes, wie sie die Sünde der Welt straft, und auf seine Barmherzigkeit, die eine Menschenfamilie erhält, damit die große Verheißung auf der wiederbevölkerten Erde in der nach dem göttlichen Rathschlusse festgesetzten Zeit sich erfülle.

Die Geschichte des Opfers Abrahams setzt die christliche Unterweisung fort.

Noe und die Sündfluth. Gerechtigkeit und Barmherzigkeit Gottes.

Als Lohn für seinen Gehorsam gegen Gott empfängt der Patriarch die Verheißung, daß in seinem Samen alle Völker der Erde sollen gesegnet werden. Jetzt folgt

Abrahams Gehorsam und Verheißungen des Erlösers.

die vorübergehende Rolle des Volkes Israel, wie sie in den Katakomben dargestellt wird.

Gott erwählt sich ein Volk, das seinen Namen und den ihm schuldigen Dienst bewahrt, bis zur Ankunft des versprochenen Erlösers, ein Volk, aus dessen Mitte die Vorbilder hervorgehen, deren Verwirklichung den Völkern des Christenthums aufbewahrt blieb. Und so sehen wir denn in dem Cömeterium der via Lavicana ein Gemälde, welches Moyses darstellt, wie er am Sinai die Tafeln des Gesetzes empfängt.

Das israelitische Volk hätte sich in der Anbetung des wahren Gottes, der Vielgötterei und dem Götzendienste der übrigen Völker gegenüber, nicht behauptet ohne einen besonderen Beistand der göttlichen Vorsehung, die ihm durch unaufhörlich aufeinanderfolgende Wunder zu Theil wurden. Ohne dem kehrte es nur zu bald

Moses und das Gesetz des alten Bundes.

Der Felsen, aus dem durch Berührung mit dem Stabe Moses Wasser fließen macht.

zum goldenen Kalb und zu noch verabscheuungswürdigeren Götzen zurück. Eines dieser Wunder war das, daß Wasser aus dem Felsen floß, sobald Moyses ihn mit dem Stabe berührte. Diese bildliche Darstellung befindet sich im Cömeterium des heil. Petrus. Der Felsen ist das Bild Jesu Christi (I. Kor. 10, 4.) Jener Moysisstab ist, wie uns die heil. Väter lehren, der des christlichen Priesterthums, welches das geistige Wasser der Gnade der Sakramente und vorzüglich des ersten von allen, die Taufe aus ihm hervorfließen läßt. Mit dem doppelten Ausdruck der Dankbarkeit und der Hoffnung besingt David jene Wasserflüsse, jene geheimnißvollen Ströme, welche die Trockenheit der Wüste überfluthet hatten. (Ps. 77, 16, 20. Ps. 104, 41.)

Die Scene von dem Stabe, der an den Felsen schlägt, drückt aber noch einen anderen bestimmteren Gedanken aus. Auf mehreren Skulpturen in den Katakomben sieht man nämlich über dem Haupte der Person, die mit ihrem Stabe dem Felsen gegenübersteht, den Namen „Petrus" geschrieben. Es ist also Petrus, er, den uns die Monumente so oft zeigen, wie er aus den Händen des Herrn das Gesetz empfängt, das Haupt der im Schatten des Todes sitzenden und durch das Licht des Evangeliums wiedererwählten Völker, kurz der andere Moyses, der den Strom der Gnaden herabfließen läßt und die Wüste bewässert.

Aber auch diese Auffassung erschöpft die Bedeutung der Sinnbilder nicht. Wenn Petrus gewählt ist, um das hl. Amt des Hohenpriesterthums zu personifiziren, so hat dies seinen Grund nicht blos in der Aehnlichkeit zwischen ihm und Moyses, sondern auch wegen der besonderen Beziehungen, welche zwischen ihm und

Die Propheten. — David mit der Schleuder.

dem Felsen bestehen, aus dem die Quelle des Heils hervorgeht. In der That, indem Jesus Christus zu Simon jene berühmten Worte sprach: Tu es Petrus, et super hanc petram aedificabo ecclesiam meam, (Du bist Petrus und auf diesen Felsen will ich meine Kirche bauen,) hat er den Apostel sich gleich gemacht in der Eigenschaft als Grundstein der Kirche und Quelle der sämmtlichen Lehren des Heils. Dasselbe spricht nebst anderen heil. Vätern der ersten drei Jahrhunderte der heil. Maximus von Turen (App. Ed. Rom. 17, 84. 219.) in einer seiner Homilien also aus: „Christus der Herr wollte den Petrus an seinem Namen Antheil nehmen lassen; denn wie der Felsen Christus, war nach der Lehre des Apostel Paulus, Petrus durch Jesus Christus zum Felsen gemacht worden. Und so wie in der Wüste das Wasser aus dem Stein hervorfloß, um das Volk Gottes zu tränken, so ging das gnadenvolle Bekenntniß des Glaubens aus dem Munde des Petrus hervor und begoß die ganze, durch die Trockenheit ihres Unglaubens abgestandene Welt." Dieselbe Wahrheit spricht Papst Innozenz I. aus, da er an das Concil von Carthago die Worte richtet: „Der Stuhl Petri ist die Urquelle, aus der alle Wasser kommen und von der aus sie sich in alle Regionen der Welt ergießen, reines Naß einer ungetrübten Quelle."

Es ist Zeit, daß nun David erscheint, der König und Prophet, der Ahnherr, aus dessen Geschlechte der Erlöser abstammt. Seine Psalmengesänge sind aus der

Plafond im Cömeterium der Priszilla. — Die Jungfrau auf dem Throne sitzend empfängt von Gabriel die Ankündigung des göttlichen Rathschlusses, vermög welchen sie die Mutter Gottes werden soll.

Synagoge sämmtlich in die Kirche hinübergekommen. Er weiset in derselben fort und fort auf den Gesalbten hin, auf dessen Leiden sowohl als auch auf dessen Verherrlichung. An einem der schönsten Plafonds der Katakomben der Domitilla sehen wir den jungen David, der mit seiner Schleuder dem Riesen Goliath entgegengeht.

Die Schleuder erklärt der heil. Cyrillus von Alexandrien (in Joh. 8, 18.)

als Vorbild des Kreuzes Christi und in seinem Kampfe mit Goliath sieht der heil. Augustin (de quinq. haer. c. 1.) den Kampf und Sieg des Herrn über Satan vorgebildet.

Das Prophetenthum, das zu den Charakterzügen des alten Testamentes gehört, ist in den Katakomben durch Elias vertreten, wie er am Berge Tabor erschien. Das betreffende Gemälde findet sich in demselben Cömeterium der Domitilla.

Heilsverheißung.

Elias besteigt den Wagen, der ihn gegen Himmel erhebt und läßt Elisäus seinen Prophetenmantel zurück. In Elias sah der heil. Ambros und andere heil. Väter ein Vorbild des Herrn, und Rupertus sagt: als Elias gegen Himmel fuhr, ließ er dem Elisäus sein Pallium; so hat Christus, als er aus dieser Welt zum Vater schied, den Aposteln sein Amt und seinen Geist hinterlassen.

Als endlich der Augenblick gekommen war, da die Heilsverheißung sich zu erfüllen begann, wurde der Engel zur Jungfrau der Tochter Davids gesendet, um ihr anzukündigen, daß sie unter Mitwirkung des heil. Geistes einen Sohn empfangen werde, der, obwohl der ihrige, doch der Sohn des Allerhöchsten sollte genannt werden. Ein so bedeutendes Ereigniß konnte unmöglich den Augen der ersten Gläubigen vorenthalten werden. Das Cömeterium der Priszilla zeigt uns die dasselbe darstellende Scene an seinem schönen Plafond.

Die Jungfrau sitzt auf dem Ehrenstuhl, wie sie, um ihre Erhabenheit über alle anderen Personen zu bezeichnen, an den Fresken der Katakomben durchgängig

Die Wunder des Herrn. — Christus heilt den Blindgebornen.

dargestellt wird. So erhält sie von Gabriel die Mittheilung des göttlichen Rathschlusses, durch den sie die Mutter Gottes wird.

Ein anderes Gemälde als Fortsetzung des Obigen zeigt uns die Jungfrau und Mutter, wie sie den Schöpfer, der in ihrem keuschen Schooße Fleisch ange-

Auferweckung des Lazarus.

nommen, säugt. Eine männliche Person steht vor ihr und hält in der Hand eine Rolle. Es soll dies wohl den Propheten Isaias vorstellen, dessen Weissagung:

Siehe eine Jungfrau wird empfangen u. s. w. sich hier erfüllte. Oben am Himmel erscheint der Stern (vorher verkündet durch Balaam) der den Weisen aus dem Orient den Weg nach Bethlehem wies.

Dieses Gemälde im Cömeterium der Priszilla und ähnliche Darstellungen in der capella graeca und im Cömeterium des Nereus und Achilles, wo auch die Weisen des Morgenlandes, die dem göttlichen Kinde ihre Opfer darbringen, vorgestellt sind, datiren nach dem Urtheile der Kunstkenner ihre Entstehung in die Zeit der ersten zwei Jahrhunderte zurück.

Aus dem Leben Jesu stellen uns diese unterirdischen Gemälde einige der Wunder vor Augen, die der Gottmensch wirkte, als einen der unwiderleglichen Beweise, daß der Sohn Mariä mit der Macht seines ewigen Vaters bekleidet sei.

Das Judenthum. — Jonas den heißen Strahlen der Sonne ausgesetzt.

So z. B. sehen wir an einer Freske von Nereus und Achilles die Heilung des Blindgebornen durch den göttlichen Erlöser.

Die Auferweckung des Lazarus kehrt oftmals wieder. Das Gemälde, welches uns im nämlichen Cömeterium des Nereus und Achilles begegnet, zeigt den Lazarus als Mumie im offenen Grabe. Der Herr steht vor demselben und berührt den Leichnam mit dem Stabe, der die göttliche Macht bedeutet, welche allein es vermag, einen Todten zu Leben zu erwecken. Das Gemälde, welches einen so hohen Kunstwerth hat, daß es an Eleganz mit den so bewunderten Fresken der Gräber der Nasonen wetteifern könnte, ist ein Beweis, daß damals schon Christen aus höheren und reicheren Klassen der römischen Gesellschaft sich mit dem Glauben an die künftige Auferstehung stärkten, um muthig dem ihnen bevorstehenden Martyrium entgegen zu sehen. Und zwar mit Recht. Ist doch die Auferweckung des Lazarus das Symbol jenes zweiten Lebens, das Jesus seinen Gläubigen verheißen hat, als er nach dem Tode seines Freundes zur weinenden Maria sagte: Ich bin die Auferstehung und das Leben; wer an mich glaubt, wird ewig leben, wenn er auch gestorben ist, und jeder, der da lebt und glaubt an mich, der wird nicht sterben in Ewigkeit. (Joh. 11, 25.)

Der christliche Glaube ist somit gegründet auf Wunder, die schon von seinem Urheber gewirkt wurden.

Die Apostel erhielten vom Herrn den Auftrag, allen Völkern das Evangelium zu predigen. Es geschieht. Zuerst wenden sich die Apostel mit der Predigt an

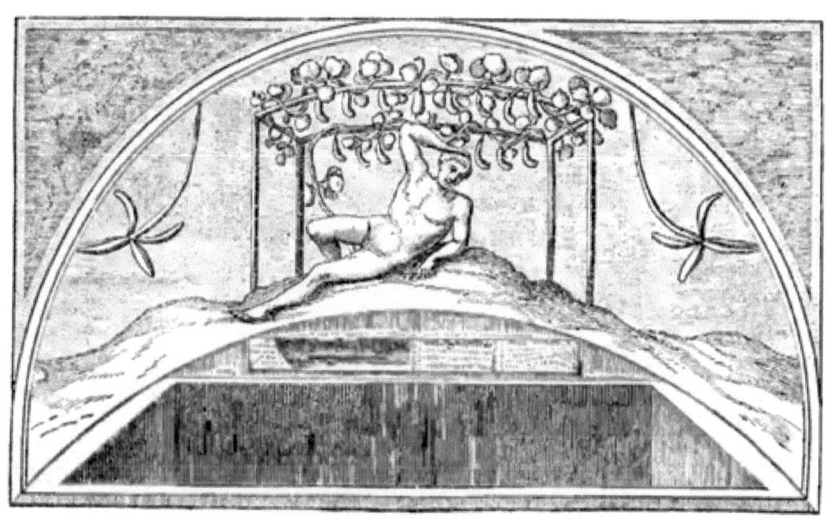

Jonas unter dem Laubdach geschützt.

ihre eigenen Religionsgenossen, dann an die Heiden. Aber wie verhält sich dieser apostolischen Thätigkeit gegenüber das Judenthum?

Nachdem sich die erste christliche Gemeinde aus nur einem kleinen Theile ihrer eigenen Nation gebildet hatte, nahmen die Juden Anstoß daran, daß die Heiden zur Anbetung des wahren Gottes zugelassen werden. Von Haß gegen das Christenthum erfüllt, wiederholt sich an ihnen die Eifersucht des Propheten Jonas gegen das bußfertige Ninive. Es muß dieser Zug der alten Geschichte auf die Christen der ersten Jahrhunderte einen besonders mächtigen Eindruck gemacht haben, weil wir ihn so oft nicht blos an den Fresken der Mauerwände, sondern auch an den Basreliefs ihrer Sarkophage dargestellt finden. Die Wuth der Juden gegen das neue Gesetz, das Glück der bekehrten Heiden, die sich nun als die Erben der göttlichen Verheißungen erkannten, und die Erbarmungen Gottes an sich erfahren hatten, geben uns Grund zu obiger Annahme.

Das Buch der heil. Schrift erzählt uns, daß Jonas, nachdem er auf göttlichen Befehl den Niniviten den Untergang ihrer Stadt in vierzig Tagen angedroht hatte, sich erzürnt habe, als er sah, daß Gott durch die Buße und das Gebet der unglücklichen Stadt versöhnt, sie verschonte. In dem Verdrusse, den er darüber empfand, daß er eine Drohung verkündet hatte, die Gott vermöge seiner Barmherzigkeit nicht erfüllte, ging er zur Stadt hinaus, setzte sich auf einem Berge gegen Sonnenaufgang nieder und da sah er voll des Mißmuthes, wie die Stadt Gottes Güte an sich erfuhr. **Die Sonne brannte am Himmel und warf ihm ihre**

Jonas des Schutzdaches beraubt.

**glühenden Strahlen zu.** Eine der Fresken im Cömeterium der Domitilla stellt den Propheten in der physischen und moralischen Niedergeschlagenheit dar, in der er sich damals befand.

Ein anderes Gemälde zeigt uns den unter dem Strauche, den die göttliche Güte über ihn ausgebreitet hatte, ruhig schlafenden Jonas. Am Morgen ließ Gott einen Wurm kommen, der zernagte das Epheugewächs, daß es verdorrte. Als dann die Sonne aufgegangen war, ließ Gott einen heißen Gluthwind kommen, und die Sonne stach den Jonas auf das Haupt, so daß er fast verschmachtete und voll Mißmuth ausrief: „Es ist mir besser zu sterben, als zu leben." Nun sprach Gott zu ihm: „Du betrübst dich wegen eines Gewächses, das du nicht wachsen ließest, das über Nacht entstanden und über Nacht vergangen ist; und ich sollte kein Mitleid haben mit Ninive, der großen Stadt, in welcher mehr denn 12.000

Menschen sind, die noch nicht zwischen der rechten und linken Hand zu unterscheiden wissen. (Jonas 4.)

Jonas bedeutet hier nach der Auslegung des heil. Augustin, das fleischlichgesinnte Volk Israel. Dieses Volk war betrübt wegen Erhaltung der Niniviten, d. i. wegen der Erlösung und Heilsgnade, die den Heiden zu Theil wurde. Und doch ist Christus gekommen, nicht die Gerechten, sondern die Sünder zu berufen zur Buße. Dieser Schatten des Gesträuches, welcher über dem Haupte des Propheten sich ausbreitete, bedeutet die Verheißungen des alten Testamentes, welche einzig nur die Versicherung enthielten, daß das Volk, wenn es die Gebote Gottes hält, zur Belohnung dafür von den zeitlichen Uebeln befreit sein sollte, und was die Wohlthaten betrifft, die ihm im Lande der Verheißung zu Theil wurden, so sollten sie nur ein Schatten der künftigen Vergeltung im Jenseits sein. Der Wurm, welcher gegen Morgen kam, und die Wurzel des Gesträuches zernagte, ist Christus, der durch sein Wort, durch die Predigt des Evangeliums, dieses zeitweilige Blätterwerk verdorren machte, unter dessen Schatten der Israelite eine endlose Ruhe zu finden glaubte.

Jetzt ist dieses Volk aus Jerusalem vertrieben, seines Königthumes, seines Priesterthums beraubt, solcher Dinge, die nur der Schatten der künftigen zu erwartenden Güter waren, ist zerstreut in aller Welt, und in seinem Innern, wie Jonas, von Wuth und Neid, wegen seines traurigen Schicksals wie von Feuergluth verzehrt.

Hier schließen wir die erste Abtheilung der Gemälde in den unterirdischen Begräbnißstätten Roms, welche die Geschichte von der Schöpfung und dem Sündenfalle der Menschen bis zu seiner Wiederherstellung durch Christus in einem kurzen Ueberblicke darstellten und mit der Schilderung endigen, wie in dem neuerrichteten Reiche Gottes auf Erden die Heidenwelt in die Stelle des Volkes Israel gesetzt wurde.

Von nun an bringen wir bildliche Darstellungen nach der gewöhnlichen Reihenfolge unserer Glaubenslehre; zuvor aber muß die Lehre von der Kirche uns festgestellt werden, durch die Glaube und Gnade uns übermittelt werden.

## Zweite Abtheilung.
### Die Kirche, ihr Ursprung und Charakter.

Die Sendung Christi auf Erden konnte nur eine vorübergehende zeitweilige sein, und die Zuwendung der Heilsmittel, durch welche der Mensch Gott geeinigt wird, mußte Anderen anvertraut werden. Jesus wählte sich zwölf Männer aus, zu denen er sagte: „Gehet, lehret alle Völker und taufet sie". (Joh. 20. Math. 28.) Das Ardeatinische Grabgewölbe zeigt uns in einer seiner Fresken den Erlöser auf einem Throne sitzend, umgeben von zwölf Männern. Er unterweiset sie und betraut

Das Apostolat. — Christus und die Apostel.

sie mit der Vollmacht ihres neuen Amtes. Zwei von ihnen sitzen auf einem besonderen Stuhl, als Auszeichnung von den Uebrigen. Es ist dies Petrus, der Hirt der Lämmer und der Schafe, der sein Amt antreten soll, nachdem sein Meister wird in den Himmel aufgefahren sein und der heil. Paulus, der Lehrer der Heidenvölker, der durch das Amt, das speziell ihm zugewiesen wurde, die Aufgabe übernimmt, die das Christenthum hat, alle Völker der Erde in seinen Schooß aufzunehmen. In der Mitte stehen die Rollen der heil. Schriften, die das Wort Gottes enthalten und die Vorherverkündigung alles dessen, was Gott sich gewürdigt hat, für das Heil des menschlichen Geschlechtes zu wirken.

Aber die Belehrung ist nicht vollständig, wenn man sich mit dem begnügen würde, uns blos diese 12 Träger des Wortes und der göttlichen Geheimnisse Christi zu zeigen. Auch diese Männer gingen vorüber, sowie die Propheten des alten

Bundes vorübergegangen sind: ehe die Apostel noch von dem Schauplatz der Welt abtraten, mußten sie ein immer bleibendes Werk stiften. Das sind nun dieselben, deren Andenken die heil. Liturgie feiert, wenn sie singt: „Siehe da die, welche noch lebend auf dem Stuhl der Lehre, mit ihrem Blute die Kirche gepflanzt haben". Sie sind die Diener, die Vermittler des Bundes der Einheit, welche der Sohn Gottes mit dem Menschengeschlechte schließen wollte. Der Gottmensch wollte sich eine Braut auf Erden erwählen und diese Braut sollte die Kirche sein. In ihr leben bis an's Ende der Zeiten all die Gnadenvorzüge und Schätze fort, welche er an diese zwölf Männer ausgetheilt hat. Sie soll erbaut sein auf der Grundfeste

Christus, die Apostel und die Kirche.

der Apostel (Ephes. 2); in ihr blieben aufbewahrt die Wahrheiten des Glaubens, die Gnaden, welche das Heil der Menschen bewirken. Außer ihr gibt es kein Heil.

Eine zweite Freske der Katakomben der heil. Agnes auf der via Nomentana drückt dieses Uebergehen des Glaubens von den Aposteln an die Kirche auf eine sehr ergreifende Weise aus. Hier sitzt Christus noch mitten unter seinen Aposteln. Unterhalb sieht man ein Weib, die ihre Arme zum Gebete ausstreckt. Die Blumen-Guirlanden, welche ober ihrem Haupte zu beiden Seiten hängen, zeigen die Hochzeit an, die der Sohn Gottes mit ihr feierte. Die Taube seitwärts, welche einen Oelzweig im Schnabel hält, ist der heil. Geist. Der Parallelismus forderte, daß der Maler der Taube zur Rechten, eine andere zur linken Seite gegenüber stellte. Die Apostel wurden belehrt durch Unterweisung: die Kirche ist zugleich lehrend und lernend. Die Apostel empfingen alle die Gewalt, die Menschen durch die

Sakramente zu heiligen. Die Kirche besitzt dieselbe Gewalt der Heiligung, aber nur in einer bestimmten Zahl ihrer Glieder, die einen speziellen Charakter erhalten haben. Die Taufe allein kann um ihrer Nothwendigkeit Willen von jedem Christen ertheilt werden, wenn er auch den speziellen Charakter nicht besitzt. Diese Einthei-

Christus, der gute Hirte.

lung zwischen der lehrenden und lernenden, heiligenden und geheiligten Kirche beeinträchtiget ihre Einheit nicht, schließt sie in sich ein.

Das Mittel, dessen sich Christus bedient, um die Einheit der Kirche herzustellen und zu bewahren, ist die Einsetzung Eines der Glieder derselben, als wesentliche Grundlage des ganzen Gebäudes. Um einzugehen innerhalb des Bereiches der Kirche müssen alle anderen Glieder auf dieser Grundfeste stehen. Petrus ist es, dem Jesus, der eigentliche Eckstein, seine eigene Festigkeit mittheilt, und der fortlebt in allen seinen Nachfolgern bis an's Ende der Zeiten.

Die Gemälde des dritten Jahrhunderts drücken bereits diesen Vorzug des

Ersten der Apostel aus. Christus ist dargestellt als der allgemeine Hirt. (An den Gemälden der Katakomben erscheint er fort und fort mit diesem Charakter.) Der Mann, der seine Stelle einnehmen sollte, erhielt aus seinem eigenen Munde, in der Person des Petrus, die Gewalt, die Schafe und die Lämmer zu weiden. (Joh. 21.) Am Plafond des Cömeteriums der heil. Marzellin und Petrus auf der via Lavicona finden wir eine der zahllosen Fresken, die den guten Hirten darstellen. Die Schafe ruhen stille unter dem Schatten dieses Hirten, der sie beschützt, indem er die Einheit des Schafstalles bewahrt. Von diesem höchsten Hirten, in dem der göttliche Ursprung der Einheit des Hirtenamtes besiegelt ist, geht eine Reihe Männer

Der Lehrstuhl Christi in der Kirche.

hervor, von denen jeder als Bischof für die einzeln Gläubigen der Stellvertreter der Autorität Christi ist.

Da das Band, welches die Christen unter sich verbindet, die Einheit desselben Glaubens, der Glaube aber, wie der Apostel lehrt (Röm. 10), aus dem Hören ist, so wird die oberhirtliche Gewalt durch den Lehrstuhl angezeigt, von welchem die Unterweisungen ausgehen.

Daher erklärt sich die hohe Verehrung, die man durch das ganze christliche Alterthum für den wirklichen Stuhl hatte, auf welchem der Gründer der einen Kirche saß und welchen später seine Nachfolger einnahmen. Mit großer Beredtsamkeit sprechen Tertulian und der heil. Cyprian von der Unwandelbarkeit dieses heil. Lehrstuhles und so hoch war die Idee, welche die ersten Christen von ihm hatten, daß man ihn nicht blos gemalt, sondern auch mit dem Meißel auf Marmor eingegraben und abgebildet findet im Cömeterium auf der via Laricana. Er ist da mit einer gewissen Kraft dargestellt. An seiner Spitze steht die göttliche Taube,

Plafond am Cömeterium der Domitilla. — Die Gewalt der Weihe durch Handauflegung.

welche alle Unterweisungen leitet, die von diesem Lehrstuhl ausgehen. Die Draperien, welche ihn umgeben, sollen die Wichtigkeit und das Ansehen derselben hervorheben.

Die Lehrgewalt, die somit durch den Thron dargestellt wird, von welchem ausgeht die Unterweisung des Glaubens, weshalb auch die Christen Gläubige ge-

Die Säule als Sinnbild der Kirche.

nannt werden, ist nicht die einzige in der Kirche. Sie ist berufen, sich mit einer anderen zu vereinigen, die sich auf sakramentalem Wege fortpflanzt. Und das ist die Gewalt der Weihe.

Durch diese fließt die Heiligung auf die Gläubigen herab. Man gelangt zur Theilnahme an ihrer Würde und Macht durch die Auflegung der Hände des Bischofes; bei ihm ist die Quelle der göttlichen Kraft, vermöge des Charakters seines oberhirtlichen Amtes und er theilt sie in Abstufungen den Dienern der Kirche mit.

Ein Plafond des Cömeteriums der Domitilla stellt diesen wichtigen Akt auf eine sehr ausdrucksvolle Weise dar. **Der Bischof sitzt auf seinem Stuhle, zwei Kleriker stehen links und rechts an seiner Seite und er legt dreien Gläubigen, die vor ihm knien, die Hände auf.** Die Schriftrollen der heil. Bücher sind da und geben Zeugniß von der Wirklichkeit dessen, was sich in dieser feierlichen Uebergabe des Priesterthums, das Christus selbst eingesetzt hat,

Christus als Hirte und die Kirche im Zustande der Verfolgung

vollzieht. Die eine wahre, katholische und apostolische Kirche ist der auserwählte Theil der Menschheit. Sie strebt dahin, alle Menschen in sich aufzunehmen, und für alle gibt es eine Straße, auf die sie zu ihr kommen können. Um sie mit sich zu vereinigen, ist der Sohn Gottes vom Himmel auf die Erde gekommen. Ein Theil von ihnen ist bereits triumphirend und verherrlicht im Himmel, der andere ist noch hier auf der Erde und heißt die streitende, weil sie streiten muß gegen die Hindernisse, die sie von allen Seiten in ihrem Wirken hemmen.

Sie hat für ihren Bestand nichts zu fürchten, denn sie ist fest gegründet, um die unerschütterliche Säule der Wahrheit für uns zu sein. (I. Tim. 3.)

Diese Bezeichnung der Kirche, deren sich der Apostel bedient, wollte der Maler im Cömeterium der via Lavicana wiedergeben, da er uns zwei Tauben zeigt, die mit größter Ruhe der Sicherheit am Fuße einer bedeutungsvollen Säule stehen.

Bei ihrer Wanderung durch die Erde mangeln der Kirche nicht Prüfungen jeder Art.

Sie hat zwei Gattungen von Feinden. Die ersten sind die Verfolger, die sie durch Gewalt zu vernichten hoffen; aber die Liebe ihres Bräutigams macht, daß sie alles mit Geduld erträgt und durch ihre Sanftmuth und Demuth siegt sie über die rohe Gewalt. So zeigt sie sich in der Epoche, da unsere Maler sie auf den Wänden der Katakomben darstellen. Was gibt es Rührenderes als das betreffende Arkosolium (Bogengewölbe) des Cömeteriums der via Lavicana. Der Künstler hat hier Bräutigam und Braut zusammengestellt. Christus erscheint als der gute Hirt; die Kirche demüthig und voll Vertrauen betet mit ausgestreckten Armen. Neben ihr auf der einen Seite ist die Geißel mit Bleikügelchen gefüllt, das Marterwerkzeug,

Susanna, Typus der Kirche.

mit dem die Cäsaren ihre Macht gegen sie mißbrauchten; auf der anderen Seite die Lilie, welche die Jungfräulichkeit der Kirche bedeutet. Auf den Aesten eines Baumes, der zwischen ihr und dem guten Hirten steht, schwingen sich Tauben, die nach ihr hingirren, während die Lämmer ihn, den Hirten, liebkosen und an seiner Liebe sich erfreuen.

Die zweite Klasse der Feinde der Kirche bilden die Ketzer. Sie haben sich allesammt verschworen, daß sie die Kirche verführen und so zum Falle bringen wollen, wie die zwei Alten in Babylon das Gleiche bei Susanna versuchten; aber sie bewahrt mit unverletzter Treue die Hinterlage der Wahrheit, die sie von ihrem göttlichen Bräutigam empfangen hat. Sie weiset jede Neuerung auf dem Gebiete der Lehre zurück und hält in der Praxis sich strenge an das Gebot des Herrn: „Euer Wort sei ja, ja, nein, nein" (Math. 5). Im Cömeterium des Prätextatus läßt der Maler die Kirche in der Gestalt eines unschuldigen Schafes erscheinen, über welchem geschrieben steht: „Susanna". Zwei Wölfe nähern sich ihm in der Hoffnung, es zu überwältigen. Ueber dem Haupte des einen lieset man: „Senioris" statt „Seniores".

Durch die unverletzte Reinheit des Glaubens triumphirt die Kirche über alle Versuchungen und ist würdig des Lobes, welches ihr der Apostel ertheilt, daß man an ihr keine Makel finde und keine Runzel. (Ephes. 5.) Dieses Gemälde kann zwar nicht vor dem dritten Jahrhunderte entstanden sein; aber dient gar sehr dazu, um den Charakter der Kirche zu schildern.

Dieser besteht nicht blos in der unverletzten Reinheit der Glaubenswahrheit sondern auch in ihrer mütterlichen Liebe gegen Andersgläubige. Als Mutter aller

Die Kirche als Mittlerin.

ihrer Gläubigen bittet sie ohne Unterlaß für ihre Kinder, die sie in ihrem Schooße getragen hat. Besehen wir uns daher die Bittende im Cömeterium der Priszilla. Ihre Tunika ist geschmückt mit der breiten purpurnen Bordure, woran man sie als Gattin des Königs erkennt. Ihre Haltung zeigt die Innigkeit ihres Gebetes. Sie bittet, daß die verlornen Schafe zurückkehren, die treuen Schafe standhaft ausharren, die Verfolgungen aufhören, und neue Beweise der göttlichen Barmherzigkeit sich offenbaren mögen. Kaum wird man an einem Gemälde mehr den Ausdruck der Größe mit Majestät ver- einigt finden.

Ganz übereinstimmend mit diesen bildlichen Darstellungen lesen wir in den Akten des heil. Martyrer Saturninus die Worte: „Da es den heil. Blutzeugen gegeben war, nicht nur an Christus zu glauben, sondern auch für Christus zu leiden, und sogleich nach ihrer Auflösung mit ihm zu sein, so sollen wir sie auch als Freunde Gottes, welche Gott so lieb waren, nicht vernachlässigen wie Todte, sondern als Lebende ehren, weil wir ganz gewiß glauben müssen, daß wir, wenn wir sie um ihre Fürbitte anrufen, auch zu unserem Heile ihren Schutz erfahren werden; weil, wenn auch ihre Sorge für uns aufhören könnte, doch gewiß Derjenige unsere Bitten erhören würde, welcher nicht nur unsere gegenwärtigen Ge-

Die Kirche in jugendlicher Gestalt

danken durchschaut, sondern auch das Künftige erkennt, und, wenn er in den Seinigen gebeten wird, weiß, daß die Ehre davon ihm gehöre, der da ist gebenedeit in ewigen Zeiten".

Im Cömeterium der via Lavicana finden wir am Plafond noch eine andere Darstellung der Kirche, als „Fürbittende". Hier trägt sie eine Art Diadem auf dem Haupte und erscheint in jugendlicher Gestalt nach einer Vision des Pastor Hermä, um auszudrücken, daß sie nie altere.

## Dritte Abtheilung.
### Die Kirche in ihrer Thätigkeit.

Ist nun so der Begriff und das Wesen der Kirche festgestellt, so müssen wir auf jene Gemälde unsere Aufmerksamkeit richten, welche die Thätigkeit und Wirksamkeit derselben schildern. Diese besteht darin, daß sie den Christen in volle Beziehung zu Christus, dessen Braut sie ist, bringt, und daß der Christ, einmal in ihr Leben eingeweiht, an ihrem Wirken und Leiden thätigen Antheil nehme.

Lamm und Taube. — Sinnbilder der zweiten und dritten göttlichen Person in ihrer Sendung auf Erden.

Wir haben bereits in den Katakombenbildern den Lehrstuhl gesehen, der das Organ der geoffenbarten Wahrheit ist. Daraus fließt ein Hauptdogma, nämlich, daß sich Gott dem Menschen gegenüber durch zwei Sendungen, die statt fanden, geoffenbart habe: die Sendung des Sohnes durch den Vater und die Sendung des heiligen Geistes durch den Vater und den Sohn. In der Sendung, die der Sohn empfing, ist er sinnbildlich dargestellt als das Lamm, und das Lamm hat die Bestimmung, geopfert zu werden. Man vollbringt das Opfer durch die Vergießung seines Blutes und dieses Blut soll den Zorn des Himmels gegen die Menschen versöhnen. Das göttliche Lamm triumphirt über den Tod und der heil. Johannes zeigt es uns im Buche der Offenbarung, stehend vor dem Throne, als ob es erwürgt wäre, und die himmlischen Chöre singen unaufhörlich: „Würdig ist das Lamm, das erwürgt ward, zu nehmen Macht, und Göttlichkeit und Weisheit und Kraft und Ehre und Herrlichkeit. (Offenb. 5.)

In der Mission, welche der heil. Geist zu erfüllen gekommen und die nicht vorübergehend wie die des Sohnes, sondern bleibend ist bis an das Ende der

Das Kreuz Christi

Zeiten, wirkt er, die Seele der Kirche, und so wie der Sohn, ihr Bräutigam, auf die Kirche insgesammt und auf die einzelnen Gläubigen im Besondern durch die Gnade ein, deren Spender er ist. Das Sinnbild, unter dem er sich offenbarte ist die Taube; sichtbares Zeichen seiner gnadenspendenden Thätigkeit ist der Oelzweig, zugleich Zeichen der Liebe und des Friedens. Die Olive gibt Oel, welches nebst Brot und Wein die dritte unter den wohlthätigen Gaben ist, die Gott dem Men=

schen in der Ordnung der Natur verleiht. (Pf. 4.) Durch die Segnung der Kirche geweiht wird aus dem Oel das heil. Chrysam, mittelst dessen der heil. Geist in sakramentaler Weise auf den Menschen einwirkt.

Aus der Verschiedenheit der Missionen und Wirkungsarten des Sohnes und des heil. Geistes lernen wir den Unterschied der Personen in der Gottheit kennen, ohne daß wir genöthigt wären, die Einheit der göttlichen Natur und Wesenheit zu läugnen. Der Sohn, den das Lamm vorstellt, hat uns den Vater geoffenbart, der heil. Geist, der sich unter dem Bilde der Taube zu erkennen gegeben hat, weiset uns durch seine Thätigkeit auf die dritte Person der göttlichen Dreieinigkeit hin. Die Maler der Katakomben konnten nicht die Absicht haben, die Person des Vaters bildlich darzustellen; denn er war nicht gesendet worden; die zweite und dritte Person haben sie mit jenen Zügen dargestellt, mittelst welcher die heil. Schrift ihre Sendung bezeichnet. Wir finden daher im Cömeterium der Priszilla das Lamm und die Taube, ihrer symbolischen Bedeutung nach, als die Grundlage des christlichen Glaubens.

Das Opfer am Kreuze, vollbracht ist es, durch welches das Lamm die Welt von der Sünde erlöset hat. Dadurch, daß an die Stelle des Baumes der Wissenschaft des Guten und Bösen, der Baum des Kalvarienberges gesetzt wurde, ist die Verwüstung wieder gut gemacht worden, wozu Ersterer im irdischen Paradies die Gelegenheit geboten hatte.

Das Kreuz, ein Aergerniß für die Juden, eine Thorheit in den Augen der Heiden (1. Kor. 1.) ist somit der Ausgangspunkt des Christenthums. Die Gemälde der Katakomben konnten dieses heil. Zeichen nicht mit Stillschweigen übergehen, und wenn man auch Grund hatte, es nicht zu sehr den Blicken der Heiden auszusetzen, die früher oder später in diese unterirdischen geheiligten Stätten eindringen konnten, so wäre es andererseits ein Unrecht gewesen, wenn man es nicht den Augen der Gläubigen zum Anblick dargeboten hätte, da es für sie der Gegenstand der größten Liebe und der lebhaftesten Hoffnung ist.

Und in der That, kein Gegenstand, wenn wir nicht etwa das Geheimniß des göttlichen Liebesmahles ausnehmen wollen, bot sich so häufig in den Katakomben den Blicken der künftigen Märtyrer dar, als das Zeichen des Kreuzes, an welchem das Lamm Gottes das Opfer unserer Erlösung dargebracht hat. Die ältesten Gemälde des unterirdischen Rom sind die im Cömeterium der Lucina. Betrachten wir eines am Plafond der zwei ältesten Kammern. Im Mittelstücke bemerkt man noch das halbverblaßte Bild des guten Hirten, der sich auch an den Ausläufern des Gewölbes findet, abwechselnd mit dem Bilde der mit ausgestreckten Armen betenden Frau. Alles übrige gehört nur zur Decoration.

Es bedarf ein nur wenig aufmerksames Auge, um wahrzunehmen, daß das ganze Gemälde nichts anderes ist, als eine Darstellung der Triumphe des Kreuzes

Die Seele des Christen und das Kreuz des Herrn.

und all die mannigfachen Verzierungen keinen anderen Zweck haben, als dasselbe ungeweihten Augen zu verbergen.

Oft wird das Kreuz ganz einfach als ein Baum dargestellt, dessen Anblick an jenen erinnern mußte, der das Werkzeug des Heils der Welt war. Das ganze

Der erstorbene Baum aus dem der neue hervorwächst. Das alte und neue Testament.

kirchliche Alterthum und alle Liturgien des Orient's und Occident's preisen es, daß der Himmel das Holz erwählte, um an demselben den Schaden gut zu machen, der in dem Holze der ganzen Menschheit verursacht wurde.

Ein gar liebliches Gemälde des Cömeteriums der via Ardeatina zeigt uns eine Seele sinnbildlich dargestellt unter der Gestalt einer Taube, die mit lebendigstem Liebesausdrücke sich gegen den Baum hinbewegt, der ihr von der Liebeshingabe ihres göttlichen Erlösers spricht.

Eine andere Taube wiederum in einer Abtheilung des nämlichen Plafonds betrachtet das Mysterium des Baumes in seinem ganzen Umfange. Die zwei Bäume stehen vor ihr; der erste ist ein todter, abgestorbener, dem der zweite durch die Heilung des Menschen von der Sünde das Leben genommen hat. (Das alte und neue Testament.) Zum Zeichen, daß in dem letzteren Leben ist, streckt er (in einem anderen Gemälde) zwei grünende Aeste aus. In

Der Kreuzesbaum, der seine Aeste über die Heerde ausbreitet.

anderen Gemälden zeigt uns dieselbe Abtheilung in den Katakomben mitten in einer ländlichen Gegend den Baum, der seine Aeste ausstreckt, gerade so als wollte er die Welt umarmen. Unter seinem wohlthätigen Schatten erfreut sich die Heerde, Schafe sowohl als Ochsen, der Ruhe und Sicherheit.

So zog sich das Kreuz, von welchem die Versöhnung des Himmels mit der Erde ausgeht und durch welches die Einigung Gottes mit dem Menschen wieder erneut wurde, durch alle Gedanken und Empfindungen der Gläubigen hindurch, die sich an diesen geheiligten Stätten versammelten.

Alle Wohlthaten Gottes flossen vom Kreuze durch das erlösende Blut, mit dem das göttliche Lamm es befeuchtete. Dieses kostbare Blut war die Quelle, aus welcher die geheimnißvollen Gnadenmittel ihren Ursprung nahmen, durch welche Gott die Menschen mit sich vereinigt: nämlich die heil. Sakramente.

## Vierte Abtheilung.
### Die heiligen Sakramente.

Das erste unter allen ist die Taufe, die das Wasser zeigt, das Kraft erhalten hat, um nicht blos den Leib, sondern auch die Seele zu reinigen. Das Blut Christi verlieh ihm diese Kraft, und es floß das eine sammt dem andern aus der durch die Lanze geöffneten Seite des Erlösers. Aber das Vorspiel dieser Wirksamkeit des Wassers, um die Welt zu reinigen, war die Sündfluth, das Werk der Gerechtigkeit, welchem dereinst in der Ankunft des Erlösers das Werk der Barmherzigkeit folgen sollte. Die Darstellung des Noe in der über den Gewässern schwimmenden Arche, kommt an unseren Gemälden oftmals vor, aber sie vervollständigt sich immer durch die Gegenwart der Taube, die den Oelzweig herbeibringt.

Taufe und Firmung. — Noe, die Gewässer und die Taube.

In unserer Wiedergeburt ist die Taube zugleich mit dem Lamme thätig. Das Wasser gibt dem Menschen das neue Leben der Wiedergeburt und das Oel macht ihn zum vollkommenen Christen.

Dies besingt die Kirche am grünen Donnerstag, wenn sie die hohe Bedeutung des heil. Chrysiams feiert: „Als die Sünden der Welt, singt sie, einst durch die Sündfluth abgewaschen wurden, da stellte die Taube eine künftige Gnadenweihung vorbildend dar, indem sie durch einen Oelzweig verkündete, daß der Frieden der Erde wieder gegeben sei. Dieses Vorbild verwirklicht sich heute, weil, nachdem durch das Wasser der heil. Taufe die Sünden der Menschen abgewaschen werden, die Salbung mit diesem Oele unserem Angesicht Schönheit und heiteres Aussehen verleiht." (Röm. Pontifikal.)

Dies finden wir unter anderen vorgestellt an einem Gemälde im Cömeterium der via Lavicana. Man fühlt es, daß Tertullian einem ähnlichen Gemälde gegenüber schreiben konnte: „Ebenso wie, nachdem die Wasser der Sündfluth, welche gleichsam die Taufe der Welt war, die alte Gottlosigkeit ausgelöscht hatten, die aus der Arche fliegende und wieder dahin mit dem Oelzweig zurückkehrende Taube verkündete, daß der Zorn Gottes besänftigt sei: ebenso in der geistlichen Ordnung, wenn die Erde, das ist unser Fleisch, aus dem heiligenden Bade hervorgeht und die alten Sünden hinter sich zurückläßt, so fliegt dann die Taube des heil. Geistes vom Himmel gesandt, auf uns hernieder und bringt uns den Frieden Gottes. Die Arche ist somit ein Sinnbild der Kirche." (De baptismo c. 7.)

Die Person, die wir in den Katakombengemälden in der Arche Noe erkennen, ist nicht immer der Patriarch des alten Testamentes. Oft sieht man an seiner

Der Taufende, der Neophyt und die Taube mit dem Oelzweige.

Stelle einen jungen Mann oder ein Kind; mehrere Male hat man sogar eine weibliche Gestalt darin erkannt. Auf einem im epigraphischen Museum des Lateran aufgestellten Sarkophage setzt sich die Tradition der Malereien fort und vollendet sich. Hier sieht man in derselben Gestalt und in derselben Tracht, wie sie in der Arche auf den Wasserwogen schwimmt, eine Verstorbene, über ihrem Haupte der Eigenname, Juliane, vorgestellt. Es ist also nicht der historische Noe, der auf den Gräbern der Christen in Malerei, Skulptur oder Gravirung dargestellt wurde: es ist der verstorbene Gläubige, welcher unter dem Schutze der mystischen Arche, das ist der Kirche, zur Erlösung und zum eigenen Heile gelangt ist.

An einer Freske in den Kammern des Cömeteriums der Lucina sind die oben citirten Worte Tertullians buchstäblich angewendet.

Der Ausspender der Taufe zieht seinen Neophyten, nachdem

er dreimal in dem reinigenden Wasser eingetaucht wurde, als Wiedergebornen aus demselben heraus und vom Himmel läßt sich die heil. Taube herab, den Oelzweig bringend, dessen Oel den neuen Christen stärken soll.

Ist es zu wundern, wenn der Täufling, über die Wunder der Gnade, welche es Gott gefiel durch das Element des Wassers an ihm zu wirken, belehrt, von heftigem Verlangen glüht nach der geheiligten Quelle, worin er alle seine Sünden-

Katechumenen, als Hirschen, die nach der Wasserquelle dürsten.

makeln verlieren soll, und wenn er, um dies sein heißes Verlangen zu schildern in die Worte des Psalmisten ausbricht: „Gleichwie der Hirsch verlanget nach der Wasserquelle, so verlangt meine Seele nach dir o Gott." (Pj. 41, 1.)

Daraus erklären sich die Darstellungen der nach der Taufe sich sehnenden Seele unter der Gestalt eines jungen Hirschen, wie wir einem solchen Gemälde im Cömeterium der heil. Marzellin und Petrus begegnen.

## Fünfte Abtheilung.
### Die heilige Eucharistie als Sakrament und Opfer.

Hat Christus dem Neophyten solcher Gestalt die Gnade der Wiedergeburt ertheilt und hat der heil. Geist denselben mit seinem Siegel bezeichnet, so bedarf er nun einer Nahrung, die einem so erhabenen Ursprunge angemessen ist. „Nicht von Fleisch und Blut, schreibt der heil. Johannes, ist er geboren, sondern aus Gott." (Joh. 1.)

Gott muß also selbst seine Speise werden. Diese wird nun auch eine Frucht vom Baume des Kreuzes sein, auf welchem das Lamm geopfert wurde, um sofort verzehrt zu werden beim österlichen Festmahle und die göttliche Taube wird auch hiebei nicht ohne Mitwirkung sein.

Es ist aber nichts, was wunderbarer und über die menschliche Natur erhabener wäre, als diese Nahrung, die Christus ankündigte als er sagte: „Mein Fleisch ist wahrhaft eine Speise und mein Blut wahrhaft ein Trank." (Joh. 6.) Die

Darstellung eines solchen Mysteriums auf den christlichen Malereien muß nothwendig vorzugsweise geheimnißvoll sein.

Vom Anfang an nahmen die Gläubigen, um es anzuzeigen zu einem Anagramm ihre Zuflucht, welches alles in sich schloß und den Augen der Uneingeweihten nichts verrieth. Dieses Anagramm, zusammengesetzt aus den Buchstaben eines Satzes, der die Glaubenswahrheit ausspricht, gab ein Wort, welches sowohl bedeutsam war im Bezug auf Mysterium als auch zugleich die biblischen Bilder

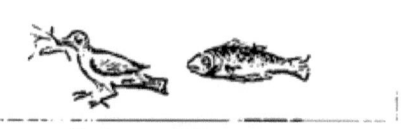

Taube und Fisch.

darstellte, unter denen es angekündigt und verheißen war. Dieser Satz oder vielmehr Formel ist: ΙΗΣΟΥΣ ΧΡΙΣΤΟΣ ΘΕΟΥ ΥΙΟΣ ΣΩΤΗΡ. Jesus Christus Filius Dei, Salvator. Das Anagramm gibt ΙΧΘΥΣ, Fisch. Von da an wurde der Name und das Bild des Fisches das Kennzeichen der Christen, und man trifft ihn vom Anfange an auf ihren Inschriften, auf ihren Steingravirungen und auf

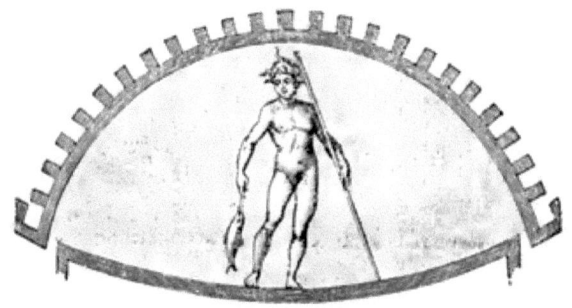

Tobias mit dem Fische.

ihren Gemälden. Besehen wir uns z. B. einen der ältesten Grabsteine des Cömeteriums der Priszilla, so finden wir hier jene zwei göttlichen Personen abgebildet, welche zum Heile des Menschen gesandt wurden, wie schon oben erwähnt wurde, nur mit dem Unterschiede, daß der Sohn Gottes nicht unter der Gestalt des Lammes, sondern unter der des Fisches erscheint, also die Taube mit dem Oelzweig und der Fisch. Dort aber erscheint er als das Lamm, weil er geschlachtet, geopfert wurde wie ein Lamm, hier als ein Fisch, als welcher er die geistliche Speise der Gläubigen bedeuten sollte.

Die christliche Malerei konnte nicht umhin, ohne im alten Testamente die erste
Hinweisung auf den geheimnißvollen Fisch aufzusuchen, der den Menschen Nah-
rung und Heilmittel sein sollte. Nun denn, so sehen wir an den Fresken des
Cömeteriums des Nereus und Achilles den jungen Tobias, der voll Freuden von

Der Fisch als Opfer und Opferspeise.

seiner Reise zurückkehrend den Fisch mitbringt, der auf so wirksame Weise zu seinem
und der Seinigen Heile dienen sollte.

Um aber dem wohlthätigen Zwecke, zu dem er bestimmt war, wirklich zu
dienen, muß der Fisch ebenso, wie das Lamm zuvörderst sterben. Der Spieß hat
ihn durchstochen und er wird der Einwirkung des Feuers ausgesetzt, ehe er die
geistliche Speise der Seelen werden kann. So wird er dargestellt im Cömeterium
der via Ardeatina, im Zustande des Leidens und des Todes, wodurch er
das Schlachtopfer wurde, an dem der Christ Theil nimmt als der Nahrung seines
Lebens.

Auf solche Weise zubereitet zum Nutzen des Menschen erscheint der Fisch
ἰχθύς (Jesus Christus, Sohn Gottes, Erlöser) zugleich mit dem Brote zur Nahrung der Gäste an einem Tische aufgesetzt.

An der Wand in einer der ursprünglichen Kammern des Cömeteriums der
Luzina sieht man einen Fisch gemalt, der auf seinen Rücken einen

Die heilige Eucharistie.

Korb trägt, beides so zusammengefügt, daß es ein einziges Symbol vorstellt. Der
Korb ist vollgefüllt mit Broten bis zur Mündung, in der Mitte des Korbes
ist eine mit einem leichten Gitter verschlossene Oeffnung, innerhalb welcher man ein Kristallgefäß wahrnimmt, das mit Wein
gefüllt ist, den man durchschimmern sieht. Dieses auf das göttliche
Liebesmahl bezügliche Symbol wiederholt sich zweimal. Hier ist nicht zu verkennen,
daß die Worte des Herrn: „Ich bin das lebendige Brot, das vom Himmel

gekommen ist," und „mein Fleisch ist wahrhaft eine Speise und mein Blut ist wahr=
haft ein Trank" so zu sagen buchstäblich im Symbol dargestellt werden wollten.
Diese Art der Darstellung beweißt unwiderleglich die Thatsache, daß der
Glaube der katholischen Kirche, der hier an einem Denkmale der apostolischen Zeit
ausgedrückt ist, keine Aenderung erlitten habe, und daß vom Beginne des Christen=
thumes bis auf unsere Zeit das Brot und der Wein des göttlichen Liebes=
mahles für eines und dasselbe mit der Person Jesu Christi selbst
gehalten und erkannt wurde.

Christus das Brot austheilen.

Nach den symbolischen Darstellungen, in welchen diese Identität ausgedrückt
wird, kommen solche, auf welchen man Christus sieht in Menschengestalt, wie er
selbst das Brot des Lebens austheilt; mit einer der beiden Hände hält er die Brote,
im erhobenen und gefaltenen Theile seines Rockes, während er mit der anderen
Hand dieselben austheilt. (Cömeterium der via Ardeatina.)

Die wunderbare Vermehrung des sakramentalen Brotes, die sich nicht erschöpft,
wie groß auch die Zahl Derjenigen sei, die an diesem Liebesmahle Theil nehmen,
ist zur Anschauung gebracht im Cömeterium des Nereus und Achilles durch die
sieben Körbe, die voll angefüllt sind mit Broten, nachdem bereits 5000 Menschen
damit gesättigt wurden. Dieses Gemälde ist somit zugleich historisch und symbolisch.

Das bloße Symbol finden wir in einer anderen Reihe von Gemälden, wo die Speise unter der sinnbildlichen Form der Milch, als das erste Nahrungsmittel des Menschen dargestellt ist.

Die sieben Körbe.

Der Gebrauch dieses Sinnbildes des heil. Liebesmahles kommt schon in den Akten der heil. Perpetua vor, die in den ersten Jahren des dritten Jahrhunderts geschrieben wurden.

Das Lamm mit dem Milcheimer.

Die Martyrin sah in einem unermeßlichen Garten den guten Hirten in ehrwürdiger Gestalt, beschäftigt seine Schafe zu melken: ringsum standen Viele in weißer Kleidung. Da erhob der Hirte das Haupt, winkte Perpetua heran und sagte ihr: „Du kommst recht mein Kind," dann gab er ihr einen Brocken von dem

Milchtäs, den er gemolken; sie nahm ihn mit übereinander gekreuzten Händen und aß und alle Umstehenden sprachen: Amen. Diese Speisung verlief in derselben

Das Lamm und das Milchgefäß am Schäferstabe.

Weise und unter den nämlichen Ceremonien, wie das heilige Abendmahl in der alten Kirche.

Auf einem Gemälde des Cömeteriums der via Lavicana steht das Milchgefäß auf dem Rücken des Lammes, um dadurch anzuzeigen, daß die göttliche Milch

Der gute Hirte hat zu beiden Seiten Milchgefäße.

und das Lamm eines und dasselbe sei, sowie der Korb, der das Brot und den Wein enthält, auch eines ist mit dem Fische, in dessen Rücken der Korb gleichsam zusammengewachsen ist.

Auf einigen sehr alten Gemälden von St. Domitilla finden wir einen Milch-

einer am Hirtenstabe aufgehängt neben dem Lamme. Das Lamm mit dem Milch‑
eimer ist ein vollkommenes Gegenstück zu dem Fische mit dem Brotkorbe auf
dem Rücken.

Für diese symbolische Auffassung der Milch spricht außer Clemens von Alexan‑
drien, der das Kindlein, d. i. den Leib Christi im heil. Altarssakramente geradezu
Milch nennt (Paedag. I. a. 6.), auch der heil. Augustin: Sehet diese Speise des
ewigen Lebens, diese Speise der Engel an. Engel essen sie und die Gewalten und
himmlischen Geister; sie essen und sättigen sich, und doch bleibt das, was sättigt
und erfreut ganz und unversehrt. Aber wie können Sterbliche sich dieser Speise

Der Milcheimer und die zwei Schafe.

nähern? Wie kann ihr Herz solcher Nahrung werth sein? Es mußte nothwendiger
Weise dieselbe zur Milch werden, um den Unmündigen mundgerecht zu werden.
(Enarr. in ps. 33.)

Nebst einer Freske am Cömeterium der Lucina, wo der Hirt selbst das Milch‑
gefäß in der Hand hält, weisen wir noch auf eine andere hin im Cömeterium der
via Nomentana, wo derselbe Hirt zwischen zwei Milchgefäßen dargestellt ist und
neben einem derselben der Schäferstab.

Endlich auf einem der ältesten Gemälde des Cömeteriums der Lucina sieht
man das Milchgefäß allein auf einer Art Altar gestellt. Links und rechts steht
ehrfurchtsvoll ein Schaf, als wenn sie es bewachten wie einen Schatz, dessen hohen
Werth sie erkennen und der für sie dorthin gestellt zu sein scheint.

Nachdem wir nun im Bisherigen betrachtet haben, wie der Christ nach den Darstellungen der Katakomben-Bilder das Bad der Wiedergeburt in der heil. Taufe und die Gnade der Stärkung und der Vollkommenheit durch das heil. Oel empfangen hat, so sahen wir zuletzt in denselben Bildern den Glauben der ursprünglichen Kirche an jener göttlichen Speise, durch die er ganz mit dem Herrn, der sich ihm einverleibt, vereinigt wird.

Doch nun müssen wir auch auf alle übrigen Gnadenmittel übergehen, deren Ausspender das christliche Priesterthum ist.

## Sechste Abtheilung.
### Das heilige Sakrament der Buße.

Der in Christo wiedergeborne Mensch ist deshalb noch nicht frei von der Möglichkeit zu sündigen. Wenn nach der Taufe, nach Empfang des heil. Geistes, und nachdem er am Mahle des göttlichen Fisches, der mit dem Lamm dasselbe ist, Theil genommen hat, er doch so unglücklich ist, in die Sünde zurückzufallen — ist er dann ohne Rettung verloren? Die erbarmungsvolle Vorsehung Christi kommt ihm zu Hilfe, indem der Herr ein anderes Sakrament einsetzte, das die Wirkung hat, die nach der Taufe begangenen Sünden nachzulassen.

Die römische Kirche mußte nicht bloß überhaupt diese Glaubenslehre an den Orten ihrer religiösen Versammlungen zur Anschauung bringen, sondern war insbesonders dazu aufgefordert, dieß mit besonderem Nachdruck zu thun, um jener stolzen Anmaßung Willen, mit welcher etliche Sekten strengerer Richtung die sakramentale Gewalt darauf beschränkt wissen wollten, daß der Mensch in die Freundschaft Gottes einmal in der heil. Taufe aufgenommen werde, ohne daß es ferner noch ein Mittel gebe, ihn in diesen glücklichen Zustand wieder zurück zu versetzen, wenn er das Unglück gehabt hatte, derselben verlustig zu werden.

Diese Pharisäer des neuen Gesetzes nahmen Anstoß an den Worten, die der Erlöser zu den Männern der Synagoge sprach: Der Menschensohn hat Gewalt die Sünden nachzulassen (Math. 9). Gleich anderen Ketzern, welche die Worte Christi nicht buchstäblich nehmen wollten, da er sagte: „Dies ist mein Leib, dies ist mein Blut," weigerten sie sich, die Tragweite seiner Rede zuzugestehen, als er erklärte, daß er als „Menschensohn" die Sünden nachlasse. Sie wollten damit der Macht des priesterlichen Amtes, wie sie durch die Priesterweihe ertheilt wird, engere Grenzen ziehen; denn sie begriffen ganz wohl, daß, wenn Christus als Menschensohn Sünden nachlassen konnte, auch andere Menschensöhne die nämliche Macht von ihm erhalten konnten.

Um gegen diese verabscheuungswürdige Ketzerei Einsprache zu erheben, ließ die römische Kirche in den Katakomben häufig **das Bild des Gichtbrüchigen malen, wie er sein Bett fortträgt**, weil Christus eben bei Gelegenheit der Heilung dieses Kranken die feierlichen Worte sprach, die er später erklärte, als er sagte: „Denen ihr die Sünden nachlasset, denen sind sie nachgelassen".

Im Cömeterium der Priszilla hat eine Kammer einen Plafond mit besonders schöner hieher bezüglicher Malerei.

Es wurde bereits bemerkt, daß keine Darstellung auf den ehrwürdigen Denk-

Der Gichtbrüchige trägt sein Bett fort

mälern des altchristlichen Rom so häufig wiederkehrt, wie das anziehende Bild des guten Hirten. Auf dem rohen Mörtel der Wände, wie auf den Grabplatten, in den Skulpturen, wie auf den Thonlampen und Emailgläsern, überall grüßt das Auge die liebe Gestalt in Tunika (Rock), Mantel und Halbstiefeln, oft den Stab oder die Hirtenflöte in der Hand (Orpheus) am häufigsten jedoch mit dem Lamm auf den Schultern. Bald liebkost der Hirte zärtlich das gefundene, nun freudig um den Hals geschlungene Schäflein, bald redet er ihm traulich zu, bald muntert er es durch das Spiel seiner Hirtenflöte auf, lauter Ausdrucksweisen für die mitleidsvolle väterliche Liebe, womit der gute Hirte das verirrte Schäflein aufnimmt, belohnt, tröstet, ermuthigt. Dies ist nun auch der Gegenstand der Gemälde, von denen wir jetzt sprechen.

Der gute Hirte nimmt die Mitte ein, aber hier ist es nicht ein Schaf, das er auf seinen Schultern trägt, sondern ein Böcklein, das sonst nicht zu einer solchen Ehre berufen zu sein scheint. Bei den Füßen des Hirten ist die Heerde vertreten durch ein Lamm und einen Bock, um anzuzeigen, daß der göttliche Heiland, obwohl er nur von den Lämmern gesprochen, doch in seiner Barmherzigkeit bereit ist, auch

Der gute Hirte und die Böcke.

jene Gattung niedriger Art bei sich aufzunehmen, welche die Sünder bedeutet, die die Taufunschuld verloren haben, aber die Heilsgnade mittelst der Schlüsselgewalt wieder erlangten. Sie sind zurückgekehrt in den Schafstall und er hält sie umfangen, damit sie nicht denselben abermals verlassen. Mit welcher Liebe blickt das demüthige Böcklein, das der Heerde wieder zurück gegeben ist, auf den Mensch gewordenen Gottessohn, dem es seine glückliche Wiederkehr unter demselben Schatten, dessen sich auch die Tauben erfreuen, verdankt.

Als die Montanisten, deren Irrlehren meist in einer übertrieben strengen äußerlichen Zucht bestand, in dem Schooße der römischen Kirche um sich zu greifen begannen, begnügte sie sich nicht damit, daß sie den guten Hirten an die Wände der Cömeterien malen ließ; Tertullian als Montanist beklagt sich, daß der Papst Zephyrin so weit gegangen sei, dieses Zeichen der Hoffnung für die Sünder sogar auf die Kelche eingraviren zu lassen, aus denen sie, nach im heil. Sakramente der Buße erlangter Wiederversöhnung mit Gott, das Blut Christi, des Herrn zu trinken verlangen durften.

Im Hintergrunde eines Arkosoliums im Cömeterium Callisti sehen wir ein

Die Samaritanerin am Jakobsbrunnen.

Gemälde, das uns in der überraschendsten und anziehendsten Weise die erbarmungsvolle Lehre vor Augen führt, welche die Kirche des dritten Jahrhunderts den hochmüthigen Gegnern der Wiederaufnahme der Sünder entgegensetzte.

Man sieht in der Mitte der Darstellung den Hirten und seine Heerde: auf seinen Schultern ruht das verirrte Schaf, das er heimträgt; zur Rechten und zur Linken gehen Apostel in entgegengesetzter Richtung, indem sie die Hände dem geistigen Wasser entgegenstrecken, das in Gestalt eines reichlich herabfließenden Thaues dargestellt ist, und andere Schafe rufen, welche sich in sehr verschiedener Weise verhalten. Die einen gehorchen ihnen, die anderen ziehen sich zurück, und unter den ersteren fährt das eine fort, indem es den Worten lauscht, von der Weide der Erde zu naschen, während das andere eifrig den Kopf erhebt, um die göttliche Lehre einzuathmen.

In den Seitenparthien dieser Darstellung sieht man den Unterschied zwischen dem Zustande des verirrten Schafes der Heerde Christi und dem der Schafe, die noch nicht zu derselben gehören, ziemlich klar ausgedrückt. Sehr getreu stellt das Gemälde dar, wie es die Pflicht der Apostel ist, diese letzteren Schafe in der ganzen Welt aufzusuchen, ihnen das Evangelium zu verkünden und sie dann zu taufen; denn ohne das Wasser werden sie niemals Schafe der geheiligten Heerde.

Aber obwohl sich dieses Wasser nur einmal ergießt, so ist doch die Zukunft den Schafen, welche, nachdem sie es empfangen, dennoch den Schafstall verlassen haben, keine hoffnungslose. Neben jenen, welchen die Apostel rufen, gibt es auf

Auferweckung des Lazarus.

dem Gemälde noch ein anderes Lamm, das der Hirt auf seiner Flucht verfolgt, das er wiedergefunden hat und das nun sanft auf seinen Schultern ruht. Dieses stellt den Sünder vor, welcher, nachdem er die Taufgnade verloren hat, durch die Vergebung wieder aufgenommen ist. So findet sich die Taufe und die Buße, die beiden Mittel, um in die Gnade einzutreten und um wieder zu ihr zurückzukehren, in diesem kostbaren Bilde vereinigt dargestellt.

Als Vorbilder der Wiederaufnahme der Sünder in die Kirche und Zulassung zur Theilnahme an den Sakramenten finden wir aber in den Cömeterien auch noch andere Darstellungen z. B. in der Domitilla ein Gemälde, das die schuldige aber demüthige Samaritanerin am Jakobsbrunnen zum Gegenstande hat.

Die Auferweckung des schon seit vier Tagen begrabenen und den Verwesungsgeruch von sich gebenden Lazarus wird unaufhörlich in den Katakomben dargestellt, nicht blos als ein Beweisstück der Macht Christi über Leben und Tod, sondern meiſtens als ein Sinnbild der ſakramentalen Gewalt, die er ſeiner Kirche zurückgelaſſen hat, um durch die Nachlaſſung der Sünden auch dem verhärtetſten Sünder das Leben der Seele wieder zu geben.

In den Katakomben inter duas lauros auf der via Lavicana ſieht man **Chriſtus, wie er gegen die Mumie des Lazarus die Hand ausſtreckt und das Zeichen der Segnung macht.**

So zeigen die Gemälde in den Katakomben in vollem Einklange mit der Lehre der Kirche in den ſpäteren Jahrhunderten, daß die Sendung des Sohnes Gottes und des heil. Geiſtes, des Lammes und der Taube mittelſt der Taufe, der Firmung, des Sakramentes des Altars und der Buße dem Menſchen, ungeachtet des Sündenfalls, das übernatürliche Leben wiedergegeben oder, wie ſich der heil. Petrus ausdrückt, ihn der göttlichen Natur theilhaftig gemacht hat. (II. Petr. 1.)

## Siebente Abtheilung.
### Das Leben des durch die Gnade erneuten Menſchen.

Es handelt ſich nun zu zeigen, wie der geiſtig erweckte Menſch beſchaffen ſein ſoll, und ſomit müſſen wir an unſern Gemälden die Züge aufſuchen, die das ſittliche Leben des Chriſten ausmachen.

Was zuerſt auffällt, iſt die große Aehnlichkeit, welche zwiſchen dem göttlichen Mittler und denen, welche er erlöſet und zu Gott wieder zurückgeführt hat, hervortritt. Sie zeigte ſich ſchon darin, daß auf der Verſammlung zu Antiochia beſchloſſen wurde, die Schüler Chriſti mit dem Namen „Chriſt" zu bezeichnen.

Bekanntlich erſcheint in den Katakomben und auf andern Denkmälern des chriſtlichen Alterthums ſehr häufig der Fiſch; aber er bedeutet nicht immer Chriſtum

Der Fiſch als Sinnbild des Chriſten.

ſelbſt, oft iſt es der Gläubige, der damit bezeichnet wird; und in der That, was iſt der Chriſt anders als im gewiſſen Sinne ein Fiſch. Sprach der Herr nicht zu ſeinen Apoſteln: „Ich werde euch zu Menſchenfiſchern machen." (Matth. 4.) Den Chriſten als Fiſch treffen wir daher oft genug ſchon an den Fresken des zweiten Jahrhunderts vorgeſtellt; ein Beiſpiel hievon ſehen wir an einem Gemälde im Cömeterium der via Latina.

Dasſelbe iſt der Fall mit der Darſtellung des Lammes, unter deſſen Geſtalt das fleischgewordene Wort abgebildet wird. Natürlich muß auch der Schüler dieses göttlichen Lammes mit demselben Charakter bekleidet erscheinen. „Ich sende euch, sagt der göttliche Erlöser, wie die Schafe mitten unter die Wölfe." (Luk. 10.)

In der Parabel, da er sich als den Hirten vorstellt, spricht er von den Gläubigen immer nur als von seinen Schafen, die er kennt und die ihn kennen. (Joh. 10.) Das Cömeterium der via Lavicana zeigt uns solche bildliche

Das Lamm als Sinnbild der Gläubigen.

Darstellungen. Auch der Ziegenbock, der den nach der Taufe wieder in den Stand der Gnade erhobenen Sünder vorstellt, erscheint in diesen Bildern, nämlich im Zustand der Behendigkeit und einer anderen als der ihm eingebornen Natur.

Die Erscheinung des heil. Geistes bei der Taufe Jesu am Flusse Jordan in der Gestalt einer Taube, veranlaßte ein neues Vorbild für den Christen, welches er nachahmen soll.

Allerdings nämlich ist es der heil. Geist ober den Wassern des Jordans, der sich unter dem sichtbaren Zeichen der Taube offenbarte; aber auch die menschliche Seele ist den heil. Schriften mit dem Namen „Geist" bezeichnet. Das Buch der Psalmen schließt mit den Worten: „Alles was Odem hat, lobe den Herrn"

Tauben als Sinnbild der Gläubigen.

(Ps. 50.) d. h. der Hauch, welcher den Leib beseelt, der Geist, welcher als Geist der Gnade, den ganzen mystischen Leib des Herrn — die Kirche — und jedes einzelne Glied in ihr durchathmet, seien ein Chor des Dankes und Preises für den Herrn. In dieser Bedeutung erscheint die Taube in den Katakomben, bald in fliegender Gestalt, bald im Zustande der Ruhe, den Lorbeerzweig als Siegeszeichen im Schnabel. Diese Darstellungen wiederholen sich oft: unter andern sehen wir im Cömeterium der Priszilla die Taube in einer Stellung, wie sie aus dem Kampf siegreich hervorgeht, in dem Cömeterium der heil. Agnes, wie sie schon bei Christus weilt.

Ehe wir diesen Gegenstand fortsetzen, müssen wir Einiges von den Symbolen der Blumen erwähnen. Wir treffen in den Katakombenbildern oft die Rose und

Rose und Lilie.

die Lilie zusammen, auf demselben Stengel; die Lilie als das Sinnbild der Reinheit der Seele; die Rose von den Heiden der himmlischen Liebe als Sinnbild geweiht, wurde für die Christen der Ausdruck jener höheren Liebe, die zum Marterthum führt.

Minutius Felix in seinem Octavius (cap. 38.) antwortet den Heiden auf ihren Vorwurf, den sie den Christen machten, daß sie die Blumen verachten, weil

Lorbeerzweig und Perlenschnur.

sie sich mit denselben nicht bekränzten: „Kein Geschöpf kann durch den üblen Gebrauch, den man davon macht, befleckt werden, da es deshalb nicht aufhört ein Geschenk Gottes zu sein: wenn wir uns daher von mancherlei Gebrauch der Blumen enthalten, so geschieht es aus dem Grunde, damit man nicht Anlaß daraus nehme zu denken, als ob wir an dem Dienste der Dämonen, zu dem sie verwendet werden, Theil nähmen oder als ob wir uns unserer Religion schämten. Wer kann aber verkennen, wie groß das Wohlgefallen ist, das wir an den Blumen haben, wir, die wir so großen Werth legen auf die Rose des Frühlings und die Lilie, und überhaupt uns so sehr ergötzen an all dem Reitze, den die Blumen bieten, sei es durch den Schmelz ihrer Farben, sei es durch den wohlriechenden Duft, den sie um sich her verbreiten? Wir wissen uns ihrer zu bedienen, mögen wir nun mit ihnen die Erde bestreuen, oder in frischen Guirlanden damit unsern Hals umkränzen. Wenn wir sie nicht in Kränzen auf unser Haupt setzen, so entschuldigt uns; denn nicht mit den Haaren des Hauptes, sondern mit dem Geruchsinn nehmen wir den lieblichen Duft der Blumen in uns auf."

Der Lorbeerzweig, dieses Sinnbild des Sieges nach glücklich bestandenem Kampfe am Felde der Ehre, das im ganzen christlichen Alterthum unaufhörlich gefeiert wird als Kennzeichen des Marterthums, wurde, wie es nicht anders zu erwarten stand, im unterirdischen Rom mit besonderer Vorliebe als Symbol dargestellt. Auch Perlen-Halsschnüre, den Preis für Sieger, finden wir nebst dem Lorbeerzweige zugleich abgebildet.

## Achte Abtheilung.
### Christliche Tugenden.

Die Reihe der Tugenden, die der Christ ausüben muß, um seinem übernatürlichen Charakter zu entsprechen, eröffnet das unerschütterliche Vertrauen, das er vor allem auf Gott setzen soll. Die Hoffnung auf den göttlichen Gnadenbeistand soll der Anker sein, den der Apostel anempfiehlt. (Hebr. 6.)

In den Katakomben ist der Anker zuweilen mit dem Pinsel gemalt, öfter aber auf Grabsteine gravirt, oder mit Farben auf Backsteine gezeichnet. Die heil. Literatur hat den Anker als das specielle Sinnbild der christlichen Hoffnung dargestellt, und der Sinn dieser Darstellung ist, daß er die Festigkeit der christlichen Hoffnung bedeutet. Durch die Querlinien des Ankers hat man demselben auch die Form eines Kreuzes gegeben, so daß der Anker als das verhüllte Zeichen dessen erscheint, was der eigentliche Grund der Hoffnung ist, nämlich, des Werkzeuges des Heiles, des Kreuzes, an dem wir erlöst wurden.

Sowohl auf den Grabsteinen der Cömeterien, wie auf den Steinen der Siegelringe findet man nebst dem Anker auch den Fisch.

Der Fisch ist, wie bekannt, vor Allem Christus. Die Verbindung des Ankers mit dem Fisch kann nichts anderes bedeuten, als die Hoffnung in Christo. Das ganze Bild, Anker, Kreuz, Fisch, gibt also den Sinn: Zwischen die Hoffnung des Christen und sein Ziel, den Erlöser, stellt sich das Werkzeug, durch welches sich die Hoffnung verwirklicht, nämlich das Kreuz.

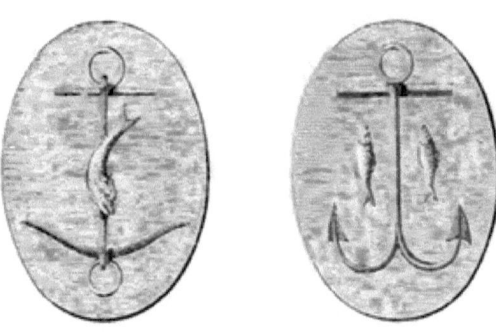

Der Anker und der Fisch (Gottvertrauen.)

Manchmal erscheinen in den Katakombenbildern anstatt des einen am Anker angehefteten Fisches, zwei Fische, die dann zu beiden Seiten des Ankers hängen.

Christus der die Kinder segnet (Demuth und kindliche Einfalt.)

Die Verdopplung des Fisches ist Sache des Künstlers, der auf seinem Bilde Symetrie herstellen wollte und dem Fische auf der einen Seite des kreuzförmigen Ankers ein Gegenstück auf der anderen Seite geben wollte; daher finden wir auf den Münzsteinen beinahe immer neben der Gruppe das einzige und feierliche Wort Ἰχθύς.

Oder die beiden Fische können auch die Christen, die Glieder am mystischen

Leibe Chriſti bedeuten, welche auf die Erlöſung, die Chriſtus am Kreuzholze vollbracht, ihre Hoffnung ſetzen und welche die Martyrer auch im Angeſichte des gewiſſen und grauſamſten Martertodes ausſprechen.

Als der Präfekt Ruſtikus dem heil. Martyrer Juſtin und ſeinen Gefährten drohte: „Wenn ihr unſeren Geboten nicht gehorchen wollet, ſo werdet ihr ohne Barmherzigkeit gemartert werden," antwortete Juſtin: „Das iſt unſer größtes Verlangen, für unſern Herrn Jeſus Chriſtus Marter zu leiden und ſelig zu werden. Denn das wird uns Heil und Vertrauen vor dem furchtbaren Richterſtuhle unſeres

Ehrfurcht vor Gottes Gegenwart. — Moſes, der die Schuhe auszieht.

Herrn und Heilandes geben, bei dem auf Gottes Befehl die ganze Welt erſcheinen wird. (Akt. n. 4.)

An der Seite der Hoffnung erſcheint die Demuth. Je mehr nämlich der Menſch das erkennt und fühlt, was Gott aus Liebe zu ihm und zu ſeinem Heile thut, deſto weniger kann und will er ſein Vertrauen auf ſich ſelbſt ſetzen. Da zeigt ſich dann im Chriſten jene heldenmüthige Einfalt, als ein ſprechender Charakterzug des neuen Lebens aus Gott, das vom Himmel ſtammt, um ſich auf Erden zu offenbaren. Eines Tages ſegnete der Herr ein Kind und ſagte zu den Umſtehenden: „Wenn ihr nicht werdet, wie dieſes Kind, ſo werdet ihr in das Reich des Himmels nicht eingehen." (Matth. 18.) Die Einfalt muß alſo den Charakter der neuen Menſchengeſellſchaft ausmachen, die berufen iſt, über die alte zu triumphiren, in deren Schooße Stolz und Lüſternheit ſchrankenloſe Herrſchaft übten.

Diese Tugend athmen alle Gestalten, welche die Kunst der Katakomben hervorbrachte. Man fühlt es, daß diese Personen Umgang mit Gott gepflogen haben, und daß ihnen hierin der süße und tiefe Eindruck von dem Nichts des Menschen zurückgeblieben ist. Klemens von Alexandrien schildert in seinem herrlichen Liede an Christus, den König der Kinder, den Enthusiasmus, welchen dieser Friede, die Frucht der christlichen Demuth, seinen Zeitgenossen einflößte. An einer Freske des Cömeteriums der via Latina sehen wir Christus, da er ein Kind segnet. Aus dem Vertrauen auf Gott und der Demuth geht das Gebet hervor und man kann

Orantes. — Eifer und Andacht im Gebete.

sagen, daß der größte Theil der christlichen Figuren in den Katakomben der Christen in der Uebung dieses Aktes der Frömmigkeit darstellen.

Die Ehrfurcht, mit der der Mensch Gott, den höchsten Herrn anbeten soll, ist ausgedrückt durch das Vorbild des Moses, der seine Schuhe auszieht, ehe er sich dem brennenden Dornbusche nähert, vor welchem er zu Gott sprechen soll. Diese Vorstellung finden wir im schönen Gemälde des Cömeteriums der Nereus und Achilles.

Was das Gebet selbst betrifft, so finden sich fast bei jedem Schritte diese männlichen und weiblichen Gestalten, die man „Orantes" genannt hat, und die wegen ihrer ruhigen in sich selbst gesammelten Haltung besonders in die Augen fallen. Man merkt, sie sind mit Gott beschäftigt. Ihre Leibesstellung ist eine

Nachahmung Christi, der die Arme ausgespannt am Kreuze sein Gebet für das Heil des menschlichen Geschlechtes dem himmlischen Vater darbringt. Sie wissen, daß er es ist, um dessen willen ihr Gebet zum Himmel emporsteigt und wohlgefällig aufgenommen wird; sie verharren in der Hinwendung ihres Geistes zu Gott, mit dem die tiefere Betrachtung sie vereinigt. Nicht stört sie der Lärm unter ihrem Haupte, der die krampfhaften Bewegungen des untergehenden Kaiserreiches begleitet. Ihre Seele ruhet in Gott, ihr Leib stellt die Gestalt des Kreuzes vor; in wenigen Tagen vielleicht werden auch sie zum Opfer geführt, das neue Rom dagegen wird sich in Folge ihres Gebetes erheben, die Tempel der falschen Götter werden zusammenstürzen, auf dem Boden der ewigen Stadt wird man die Basiliken erstehen

Job am Düngerhaufen. — Geduld und Ergebung.

sehen, welche den Namen und Ruhm der Martyrer bis zu den Höhen des Himmels emportragen werden. Sei es, daß die Orantes der Katakomben das unaufhörliche Gebet der Seligen bedeuten, die schon im Schooße Gottes sind, oder daß sie das Gebet derjenigen darstellen, welche noch im Zustande der Prüfung sich befinden; es ist zu bemerken, daß der Charakter und Ausdruck derselben stets dieselben bleiben.

Die Entäußerung von den zeitlichen Dingen und die Geduld unter der Hand Gottes in allen Prüfungen gingen in den Charakter des Christen über. Er mußte sich der Vergnügungen des gegenwärtigen Lebens, deren Eitelkeit und oft damit verbundene Gefahr er kennen gelernt hatte, enthalten, seitdem er die Unterweisungen des Evangeliums hörte. Das Beispiel des frommen Job, der Gott ergeben blieb selbst mitten unter den größten Bedrängnissen, wurde den Gläubigen im Briefe des Apostel Jakob (Kap. 5) vor Augen gestellt. Die Gestalt dieses heldenmüthigen Dulders fanden wir abgebildet auf einer Freske der Ardeatinischen Katakombe, wo er ganz verlassen von allen Gütern dieser Welt und auf dem Düngerhaufen sitzend erscheint.

Die Christen der ersten Jahrhunderte mußten endlich auch stets gefaßt darauf sein, daß neue Verfolgungen über sie hereinbrechen, daß ihnen mehr oder weniger ihre Existenzmittel entzogen, daß ihnen das Martyrium in gänzlicher schmerzlicher Hingabe ihres Lebens bevorstehe. Schon als sie hingingen und sich taufen ließen, hörten sie bei dem feierlichen Offizium, welches dem Taufakte vorangeht, die Geschichte der drei Jünglinge im Feuerofen vorlesen.

Diese drei jugendlichen Helden wurden zwar vom Feuertode auf wunderbare Weise verschont, aber den Christen war es nicht unbekannt, daß es deßungeachtet nicht zu erwarten sei, Gott werde jedesmal das Wunder wiederholen, so oft an die Diener des neuen Gesetzes der Ruf ergeht, ihren Glauben zu bekennen. Der heil. Petrus schreibt den Christen in seinem ersten Briefe: „Da Christus gestorben

Die drei Jünglinge im Feuerofen. — Glaubenstreue und Martertbum

ist nach dem Fleische, so waffnet euch mit diesem Gedanken." Das Martertbum oder Glaubensverläugnung das war die Alternative, vor der sie jeden Augenblick stehen konnten. Die Vorstellung der drei babylonischen Jünglinge ist daher eine der am öftesten an den Fresken der Katakomben vorkommenden.

Die Freske im Cömeterium an der via Nomentana ist besonders bemerkenswerth wegen der Gegenwart der göttlichen Taube, die über den Häuptern der drei Martyrer schwebt und den Oelzweig im Schnabel trägt, um an das heil. Oel der Firmung zu erinnern, welches dem Christen Kraft verleiht, den Glauben an Christus mitten unter den größten Peinen zu bekennen.

Ein anderes nicht weniger ausdrucksvolles und nicht minder häufiges Vorbild für Martyrer auf unseren Fresken ist Daniel in der Löwengrube. Der Gleichmuth, mit welchem der Prophet diesen wilden Thieren die Stirne bot, sollte den Christen begleiten, wenn es an ihn kam, daß er in's Amphitheater hinabsteigen mußte, um dort von den Löwen zerfleischt zu werden; und wenn es Gott manchmal als Ausnahme gefiel, den Heiden eine Lehre zu geben, indem er diese wilden Thiere zurückhielt, so daß sie unbeweglich und wie voll Ehrfurcht zu den Füßen der Glaubenskämpfer still standen, so durfte der Christ doch nicht auf ein Wunder rechnen, sondern immer bereit darauf sein, daß die ausgehungerten Bestien über sie herfallen, daß deren Zahn sich in ihr Fleisch einsenkt und ihre Gebeine zermalmt. Die Zahl der Martyrer, die auf dem Amphitheater den Tod litten, ist bekanntlich bei Weitem größer, als die deren am Scheiterhaufen. Oeffentliche Spiele fanden oft statt und es durfte ihnen nicht an Nahrung fehlen. An einer Freske in den Ardeatinischen Krypten sieht man die Gruppe des Daniel mit den Löwen beiderseits im Mittelfeld; diese Thiere haben hungernd ihren Rachen geöffnet. In den Nebenfeldern

Daniel in der Löwengrube. — Standhaftigkeit bei Todesgefahr um des Glaubenswillen.

rechts und links sitzen die Gründer der römischen Kirche, Petrus und Paulus, vor ihnen zu ihren Füßen die heil. Schrift; diese Darstellung wollte den Glauben des Martyrers wach erhalten und ihm die Standhaftigkeit der Apostelfürsten in's Andenken zurückrufen, zu der sie ihn mit Wort und Beispiel ermuntern, nämlich daß er das Gesetz Gottes den ihm widersprechenden und darum gottlosen und ungerechten Gesetzen der Fürsten nicht nachsetze. Die Kraft dieser bildlichen Ermahnungen äußerte ihre Wirkung an den Christen jener Zeit. Den heil. Ferreolus drängte der heidnische Richter den Göttern zu opfern, indem er sprach: „Nothwendig mußt Du vor allem Anderen den Gesetzen der unüberwindlichen Fürsten gehorchen, welchen Du wegen des Soldes Treue, wegen der Majestät Ehrfurcht und wegen der Beförderung zu höheren Ehren unverletzliche Ergebenheit schuldig bist." Ferreolus antwortete: „Ich bin ein Christ und darf den Göttern nicht opfern. Ich focht für die Kaiser, so lange ihr Dienst mit meiner Religion sich vertrug. Als ich Dir gehorchte, waren meine Werke Pflichten, die ich den gerechten Gesetzen schuldig war; gotteslästerlichen Gesetzen habe ich niemals gedient.... Ich suche keinen Nutzen für das zeitliche Leben; es genügt mir, wenn ich als Christ in meiner Religion ungestört leben kann; ist mir dieß aber nicht gestattet, so bin ich auch bereit zu sterben."

Wie die heil. Martyrer die rechtmäßigen Obrigkeiten in allen gerechten Dingen anerkannten, ihnen gehorchten und von einer Pöbelherrschaft nichts wissen wollten, zeigte unter Anderen der heil. Polykarp bei seinem Verhöre vor dem heidnischen Prokonsul, dem er, als dieser ihn aufforderte: „Leiste dem Volke Genüge" zur Antwort gab: „Dir genug thun und Deinen Geboten, wenn Du nichts Unrechtes

Die fünf klugen Jungfrauen. — Christliche Wachsamkeit

verlangst, Folge zu leisten, halte ich für billig. Denn wir sind also gelehrt worden, den Gewalten, die aus Gottes Anordnung hervorgehen, zu gehorchen. Diese aber halte ich für unwürdig und unbefugt, Genugthuung zu fordern: dem Richter zu gehorchen ist billig, aber nicht dem Volke."

Mochten die Christen aus diesem Leben auf eine gewaltsame Weise zu scheiden berufen sein oder nicht; wachsam mußten sie doch immer sein, um ihre Herzen in der innigen Vereinigung, die sie in der Taufe mit Gott geschlossen hatten, zu erhalten und bis an's Ende die Werke zu üben, welche ein lebendiger Glaube einflößt. Die Parabel des Evangeliums von den zehn Jungfrauen, die dem Bräutigam entgegen gingen, war ihnen bekannt. (Matth. 25.) Mitten in der Nacht, während sie schliefen, erscholl der Ruf, der sie vor dem göttlichen Bräutigam zu erscheinen fordert. In diesem Augenblicke müssen ihre Lampen nicht blos brennend, sondern auch mit jenem Oele versehen sein, ohne dem das Licht keinen Glanz von sich gibt. Der Herr gibt in dieser Parabel zu erkennen, daß ein Theil der Menschen für diesen wichtigen Augenblick sich in Bereitschaft hält, ein anderer Theil aber zu spät kommt.

Er spricht von zehn Jungfrauen, deren fünf mit dem nothwendigen Oele versehen sind, während dieß den fünf anderen mangelt. Die reichen Galerien der via Nomentana zeigen diese Szene in einem sehr lieblichen Gemälde dargestellt. Man sieht die fünf klugen Jungfrauen, welche den Ruf hörten. Sie erheben sich also gleich, das Oel ist zur Genüge da, und so die brennenden Lampen in der Hand, gehen sie dem ewigen Lichte entgegen, das sie für immer erleuchten soll.

Die Feier der Agapen. — Brüderliche Liebe.

Der göttliche Erlöser hat seinem Gesetze die doppelte Grundlage der Liebe Gottes und des Nächsten gegeben. Es ist daher ganz natürlich, daß die Gemälde in den Cömeterien an die Befolgung des zweiten dieser Gebote mahnen, da dieses nach den Worten des Herrn dem ersten gleich ist (Matth. 22). Das Sinnbild dieser brüderlichen Liebe ist ausgedrückt durch die Agapen, d. i. jene gemeinschaftlichen Liebesmahle, die von den Aposteln eingeführt und nach ihnen fortgesetzt wurden, um Diejenigen zu vereinigen, welche durch die Taufe in einem engeren Familienbande Brüder und Schwestern geworden waren. Dieselben Krypten der via Nomentana liefern uns eine Freske, in der beides wahrzunehmen ist, die christliche Einfachheit und die volle Schönheit der altrömischen Malerkunst.

Allein die Einigkeit unter den Brüdern reicht nicht hin zur vollständigen Erfüllung des großen Gebotes der Nächstenliebe. Der Christ soll den Bedürfnissen seiner Mitmenschen auch durch Almosen abzuhelfen suchen. Diese Nächstenliebe, die sich freiwillig Opfer auferlegt, um Anderen in ihrer Noth zu helfen, war eine der charakteristischen Züge des Christenthums, der selbst den Heiden in die Augen fiel und zwar um so mehr, als sie sahen, daß die Christen nicht blos sich selbst gegenseitig Hilfe leisteten, sondern auch Derer sich annahmen, welche einst das Glück hatten, mit ihnen gleicher Religion zu sein. Hieher bezüglich finden wir im Cömeterium der via Lavicana ein Gemälde mit folgender Darstellung: Drei Christen

Christliche Mildthätigkeit.

befinden sich an einem Tische; Einer nimmt von einer Speise und reicht sie einem Armen; der Andere, da er bemerkt, daß der Diener auf der Schüssel noch ein Gericht herbeiträgt, gibt ihm mit der Hand ein Zeichen, daß er diese Speise einem dürftigen Menschen reichen soll; so daß auf dem Speisetisch kaum so viel übrig bleibt, daß die Gäste ihre eigenen Bedürfnisse befriedigen können. Eine Christin, die den Vorsitz führt, gibt durch ihre Gegenwart bei diesem Mahle und durch ihre Geberden zu erkennen, daß sie mit der Mildthätigkeit dieser beiden Gäste vollkommen einverstanden sei.

## Neunte Abtheilung.
### Mystische Darstellungen.

So hat denn unsere bisherige Umschau, die wir an den Gemälden des unterirdischen Roms angestellt haben, uns auf eine nicht unansehnliche Anzahl Gegenstände hingewiesen, welche sowohl in Wirklichkeit, als auch in Symbolen die vorzüglichsten Punkte der Glaubens- und Sittenlehre darstellen. Die Zahl würde noch größer sein, wenn nicht so viele Fresken verstümmelt oder gar zerstört worden wären. Ueberdies wurden hier nur die aus den ersten Jahrhunderten der christlichen Kirche herrührenden berücksichtiget.

Von besonderem Interesse sind aber auch jene Gemälde, deren christlicher Inhalt dem mit dem Charakter der Katakomben-Malerei nicht näher vertrauten Beschauer nicht sogleich bemerkbar wird. So z. B. ist im Cömeterium der Domitilla

Orpheus.

ein Plafond-Gemälde, bei dessen Betrachtung man auf den ersten Blick nicht glauben möchte, daß das Mittelbild eine christliche Idee darstelle.

Orpheus, der auf seiner Leier spielt, ist offenbar kein Gegenstand für biblische Figuren. Indessen er ist da von solchen Symbolen umgeben, welche die Maler der Cömeterien regelmäßig der heil. Schrift entlehnen. Man kann daher nicht umhin anzunehmen, daß hier die heidnische Mythe mit dem christlichen Sinnbild verschmolzen ist, und man muß die heidnische Form von dem unter derselben verborgenen christlichen Sinne unterscheiden.

Offenbar will hier unter dem Bilde des Orpheus ein höheres Wesen dargestellt sein, als Centrum aller übrigen Wesen, welches dieselben durch die lieblichen Laute seiner Melodien anzieht, daß sie sich um ihn herum versammeln. Der Mensch gewordene Sohn Gottes, was ist er für den Christen, der ihn als den Grund des Lebens und der Einigkeit hat kennen gelernt anderes, als der Orpheus in Wahrheit und Wirklichkeit.

Dieses Gemälde muß man betrachten, um die schönen Worte des Clemens von Alexandria, der um dieselbe Zeit lebte, als dasselbe entstand, zu verstehen, da er auf den Orpheus der Heiden anspielt: „Wie verschieden von diesen," sagt er, „ist der wunderbare Sänger, von dem ich zu euch zu reden habe. Er kam und alsbald zerbrach er unsere Ketten, er machte aufhören die grausame Sklaverei, in welcher die Dämonen uns gefangen hielten und lehrte uns ein anderes Joch auf uns zu nehmen, das süß und leicht zu tragen ist, das Joch des Gehorsames aus Liebe. Wir kriechen auf die Erde, er ruft uns zum Himmel. Er allein verstand es, die Barbarei zu mildern und den Menschen zahm zu machen, der von allen Thieren das wildeste ist, Er, das Wort, als Schöpfer hat dieser himmlische Sänger diese so schöne Ordnung im Weltall hervorgebracht, indem er die unter sich streitenden Elemente anwies in eine wunderbare Uebereinstimmung sich zu fügen. Nicht waren dieß die Akkorde, die Thrakiens Sänger hören ließ, ähnlich denen, deren Erfinder Tubal war: sondern es waren die des David, der in den melodischen Klängen seiner Lieder im Einklang war mit Gott dem Schöpfer; der Sohn Gottes, von David abstammend, da er doch vor ihm schon war, verschmähte Leier und Harfe, diese leblosen Instrumente: die Welt selbst sammt dem Menschen, der eine Welt im Kleinen ist, nahm er zur Hand und wußte uns an Leib und Seele zu einem Instrumente des heil. Geistes umzubilden, durch welches Gottes Lob einmüthig in den verschiedensten Tönen besungen wird. Er sprach zu diesem Instrument: „Du bist meine Harfe, meine Flöte, mein Tempel: Harfe durch die Harmonie der Töne, Flöte durch den Hauch, den ich dir einhauche, Tempel durch das Wort, welches in dir wohnen wird."

„Aber das Wort, welches aus dem Menschen ein so schönes Instrument machte, ist es nicht selbst eine Leier, und zwar die heiligste, die vollkommenste, von jedem Mißtone gänzlich freie, deren Gott sich bedient, die Weisheit, die über die Welt erhaben ist? Was ist das für ein neuer Gesang, den man vernahm? Das Gesicht den Blinden, das Gehör den Tauben wieder gegeben, die Hinkenden gehend gemacht, die Irrenden zurückgeführt auf den Weg der Gerechtigkeit, Gott auch den Unverständigen zur Kenntniß gebracht, das sittliche Verderben geheilt, den Tod überwunden, die ungehorsamen Söhne mit dem Vater wieder ausgesöhnt. Denn

dieſe Gottesleier liebt das Menſchengeſchlecht, das Wort iſt voll Erbarmen, ja
dieſes Wort, der Menſch gewordene Sohn Gottes, er mahnt, warnt, züchtigt, erhält,
ſchützt und verheißt als Lohn das Reich des Himmels, er, der keinen Lohn dafür
verlangt, als unſer Heil."
„Glaubet nicht, daß dieſer Geſang, von dem ich rede, ein neuer ſei, in dem
Sinne, wie man ein Gefäß neu nennt, das man verfertigt, oder ein Haus, das
man baut. Dieſes Lied, es war vor Sonnenaufgang" (Pſ. 109). „Im Anfange
war das Wort und das Wort war bei Gott, und Gott war das Wort" (Joh. 1).
Aber in dieſer letzteren Zeit wollte es auf Erden erſcheinen und erhielt den hei-
ligſten und hoch erhabenen Namen Chriſtus, und in dieſem Sinne nenne ich jenen
Geſang einen neuen. Gott und Menſch zugleich, erſchien er in unſerer Zeit den
Menſchen, um uns vollkommene Glückſeligkeit zu bringen. Durch ſeine Lehre unter-
richtet, wie wir gut leben ſollen, gehen wir, wenn wir ſeiner Lehre folgen, dem
ewigen Leben entgegen." (Cohortatio ad gentes.)

## Zehnte Abtheilung.
### Die Auferſtehung der Leiber.

Die Auferſtehung der Leiber iſt eine Glaubenswahrheit von beſonders großer
Bedeutung und darf nicht verwechſelt werden mit der der unſterblichen Seele. Die
Erlöſung hat ihre letzte Wirkung noch nicht hervorgebracht, der Tod iſt noch nicht
gänzlich überwunden, bis nicht das Grab unſeren Leib der Seele zurückgegeben hat,
von dem ſie ja nur für eine Zeit zur Büſſung der Sünde getrennt ſein ſoll.

Die heidniſche Welt, durch und durch ſinnlich, wie ſie es überhaupt war,
ſtieß dieſe Glaubensüberzeugung der Chriſten mit Abſchen von ſich, während gerade
dieſe für die Martyrer ein Beweggrund mehr war, den Leib gering zu achten,
den nichts im Stande iſt ſeiner verdienten und unvermeidlichen Auflöſung zu ent-
ziehen. Der Apoſtel Paulus belehrt ſie, daß Chriſtus in ſeiner Auferſtehung der
Erſtgeborne iſt unter den Todten (Kor. 1) und daß das Fleiſch dem Grabe über-
geben wird, damit es einſt daraus hervorgehe wie das edle Waizenkorn. (I. Kor. 15.)
Somit ſchließt er voll freudiger Hoffnung, daß der Tod für den Leib nichts iſt
als ein Schlaf; daher ſchreibt es ſich, daß die Chriſten in der ganzen Kirche über-
einſtimmend diejenigen Orte, wo eine Mehrheit ihrer Gräber beiſammen waren,
gemeinſame Schlafſtätten (Cömeterien) nannten.

Die Zeichen des Glaubens an die Auferſtehung der Leiber konnten daher in
den Gemälden der Cömeterien nicht fehlen, und man kann ſagen, daß wirklich nichts

öfter dort vorkommt, als diese. Es wird Alles aufgeboten, um die Ueberzeugung der Wiedererstehung, auf die der Christ hofft, recht lebendig zu erhalten. Zu diesem

Der Pfau als Sinnbild der Auferstehung.

Zwecke sollte unter Anderen die Vorstellung des Pfaues dienen, von dem die Naturkundigen jener Zeit sagten, daß sein Fleisch unverweslich sei. (Cömeterium der Priscilla.)

Die Aufeinanderfolge der Jahreszeiten wurde auch als Sinnbild dieses Wieder-

Die vier Jahreszeiten als Bild der Auferstehung.

auflebens, auf das wir rechnen sollen, benützt. „Winter und Sommer," schreibt Tertullian, „Frühling und Herbst wechseln ab mit all ihrer Wirksamkeit, Eigenthümlichkeit und Erzeugnissen. Die vom Himmel bezeichnete Regel ist, daß die entlaubten Bäume von neuem ihre Blätterkrone, daß die Blumen ihre reiche Farbenpracht, daß die Cerealien den Samen wieder hervorbringen, der von der Erde aufgezehrt wurde. Diese Aufeinanderfolge der Dinge ist ein Bild der Auferstehung der Todten." (De resurrect. carnis cap. 12.) Das unerschöpfliche Cömeterium der via Ardeatina gibt uns ein liebliches Gemälde, wo die vier Jahreszeiten rings um den guten Hirten herum gruppirt sind.

Endlich findet das Dogma von der Auferstehung der Leiber in den Katatomben eine Bestätigung dadurch, daß die Geschichte des Propheten Jonas, welche

Jonas vom Ungeheuer verschlungen.

Christus selbst als ein Vorbild seiner eigenen und Zusicherung unserer dereinstigen Auferstehung erklärte (Matth. 12), wiederholt an den Wänden bis zum Marmor der Sarkophagen dargestellt wird.

Eines dieser Gemälde (in der via Ardeatina) zeigt uns die Szene, da der Prophet von dem Unthier (das den Tod bedeutet) eben verschlungen wird. Ein anderes dem ersten entsprechendes zeigt Jonas, wie er von dem Ungeheuer, das ihn nur verschlungen, um ihn wieder von sich zu geben, voll des Lebens ausgespieen wird.

So bestätigt sich mit dem ausdrucksvollsten Zeichen die große Wahrheit, daß der christliche Glaube mitten in der heidnischen Welt die Oberherrschaft erringt, indem er die Erkenntniß und das Gefühl von der Würde des Menschen, selbst auch was seinen Leib betrifft, erneuert. Hiermit erklärt sich auch der fromme Eifer der Christen, mit dem sie von Anfang an vor den Grabstätten so hohe Achtung hatten und besorgt waren, die Ueberreste dieser Leiber, die Tempel des heil. Geistes gewesen sind und dereinst glorreich wiedererstehen sollen, vor jeder Vermehrung zu bewahren. Das unterirdische Rom, eines der Weltwunder und vielleicht das größte, verdankt seine Existenz dem Dogma der Auferstehung der Leiber. Unter dem Einflusse dieser Erstlings-Wahrheit wurde es die geheimnißvolle und geheiligte Stadt, die Nekropole der Martyrer, der Ort der Vereinigung der Gläubigen, die Schule, wo man für Christus leben und sterben lernte.

Jonas vom Unthiere wieder ausgespieen.

„Der Glaube an die Auferstehung der Leiber und das glückselige Leben der Seelen, welche dieser Auferstehung entgegenharren, ist gewissermaßen die Grundlage der ganzen biblischen Gräber-Symbolik. In diesem Gedanken treffen sowohl der inmitten der Löwen unberührt gebliebene Daniel, als Noe in der Arche und die Taube Noes zusammen; nach diesem Ziele sehnen sich sowohl der vom evangelischen Fischer in den Gewässern der Welt gefangene und in jenem der Taufe wiedergeborene Fisch, als auch die Heerde der Getauften, die der Stimme des Hirten gehorcht, welcher gesagt hat: „Ich bin die Auferstehung und das Leben:" hieher beziehen sich die Reben des Weinstockes, welche Frucht tragen, während die unfruchtbaren Schößlinge abgehauen und in das Feuer geworfen werden. Aber die Speise, das Unterpfand, die nothwendige Bedingung dieser Hoffnung ist der heil. Leib des Herrn und deßhalb gipfeln alle in diesen Grabkammern gezeichneten Parabeln und Abbildungen der heil. Geschichte in der Szene, wo zu der sinnbildlichen Darstellung des ewigen Gastmahles im Himmel, jene der göttlichen Speise und Wegzehrung beigefügt und einverleibt ist, die dem Wanderer im gegenwärtigen Leben gegeben wird." (De Rossi Bull. di Arch. Crist. 1865 p. 46.)

## Eilfte Abtheilung.

### Schluß. — Gesammtbilder.

Von besonderem Interesse sind unter den Gemälden der Katakomben jene künstlerischen Gesammtbilder, welche nebst der Wichtigkeit ihres Gegenstandes einen höheren Grad logischer Entwicklung in bildlichen Darstellungen bekunden. Diese Classe von Denkmälern umfaßt allegorische, namentlich durch die Gleichnisse und Parabeln Jesu Christi eingegebene Szenen. Sie sind sozusagen die stumme Predigt, welche selbst der Abfassung des geschriebenen Evangeliums vorherging.

Wir wollen uns noch einmal auf die Ardeatinische Straße begeben und die bereits bekannte Galerie des Cömeteriums der Domitilla besuchen. Nachdem wir kaum einige Schritte gethan haben, wird uns die ausserordentliche Schönheit des Gewölbes über unserem Haupte auffallen. Dort breitet sich auf glänzend weißem Stuck mit vollkommener Leichtigkeit ein üppiger Weinstock aus, dessen Verschlingungen die ganze Fläche des Gewölbes bedecken. Man sieht Tauben, welche die Scene beleben, so wie geflügelte Amoretten mit den Arbeiten der Weinlese beschäftigt, das Ganze so ebenmäßig und dabei so graziös, die Natur mit so großem Verständniß nachgebildet, daß man auf das beste Zeitalter der römischen Kunst, also auf die ersten Jahrhunderte der christlichen Kirche zurückgehen muß, um Gleiches zu finden. Die häufige Anwendung der Trauben in verschiedenen Formen zeigt, daß es dem Künstler hier nicht blos um künstlerische Verzierung zu thun war, sondern mehr noch um den Ausdruck einer symbolischen Idee. Eine der feierlichsten Parabeln des Evangeliums ist jene, welche Jesus Christus in jenen erhabenen Gesprächen nach dem letzten Abendmahle ausgeführt hat, und die uns der heil. Johannes überlieferte. Sie läßt sich in den Worten zusammenfassen: „Ich bin der wahre Weinstock, ihr seid die Reben." (Joh. 15, 1—16.) Der göttliche Erlöser selbst hat uns die sinnbildliche Bedeutung des Weinstockes und der Weinlese erklärt; vor Allem geht die nothwendige und lebendige Einheit der Kirche mit ihm aus dieser Lehre hervor, so wie der über die vom Stamme getrennten Zweige ausgesprochene Fluch und die Verheißung der

Fruchtbarkeit, welche den dem mystischen Weinstock getreuen Zweigen gegeben ist. Die in dem Gemäld: der Krypten der Domitilla offenbar hervortretende Absicht, aus Einem Stamme alle die reich mit Früchten beladenen Reben hervorgehen zu lassen, führt den Geist unwillkürlich auf jene Parabel hin. Aber was bedeuten die Tauben, welche sich auf den Zweigen des Weinstockes wiegen.

Wenn diese, wie wir in den vorhergehenden Bildern erklärten, die christlichen Seelen bedeuten, so vervollständigt sich der ganze christliche Gedanke, der in diesem Gemälde ausgedrückt werden will, dahin: Nicht bloß der Weinstock, sondern auch die Traube allein bedeutet Christus, wie ihn die Seele des Gläubigen erkennt und nach Vereinigung mit ihm sich sehnt in inniger und entschlossener Gegenliebe zu dem, der für sie sein Blut vergossen hat. Die Braut im hohen Liede, vom heiligen Geiste erfüllt, spricht diese Sehnsucht aus mit den Worten: „Süße Traube von Cypern, in dem Weingarten Engaddi, ist mein Geliebter mir. (Hohe Lied 1, 13.) An dem Weinstocke wuchs die Traube, nach welcher die Patriarchen, die Propheten und die Gerechten der Vorzeit sich gesehnt; die Frucht, ob deren Lieblichkeit die Kirche von Anbeginn sich glücklich preist, da sie dem Bräutigam liebend und dankbar zusingt: „Unter dem Schatten des Ersehnten ruhe ich, und seine Frucht ist süß meinem Munde." (Hohe Lied 2, 3.) Es trägt der himmlische Weinstock diese Eine, allbeglückende Traube: aber auch nicht unfruchtbar sind die lebendigen Reben an ihm. Denn Christus und die Kirche sind, weil sie Ein Leib, so auch Ein Weinstock. Jede einzelne Kirche, jede fromme Stiftung, jede heil. Gemeinschaft der Seelen in der Einheit mit der gesammten Kirche ist für sich eine fruchtprangende Rebe. Und alle geistige Schöpfung in ihr bildet Traube über Traube, und die einzelnen Glieder deren lebensvolle Beeren. Wie aus Hülle, Kern und Saft die Traubenbeeren bestehen, so sinnbildet sie den geheiligten Menschen, dessen Dasein Fleisch und Bein und das Lebensblut (nach der Anschauung der Schrift der Sitz der Seele) bedingen. Es trinkt der Bräutigam den eigenen Wein aus eigenem Stocke, aus dem eigenen Weinberge, aus seiner Kirche, deren Haupt er selber ist. Er nimmt der Trauben lautersten Saft, die Seelen der Heiligen zu sich, welche in der Kelter des Kreuzes von ihrer Hülle getrennt worden durch Mühe und Durst, durch Kälte und Blöße, durch Nachtwachen und strenge Uebung. Er nimmt sie zu sich und in sich, leibt sie sich ein in hochseliger Gemeinschaft, daß sie wie Ein Geist mit ihm geworden, mit ihm und in ihm von allen Mühen von nun an ewige Ruhe haben.

Es war im Verlaufe der bisherigen Erklärungen bereits die Rede, daß man auf einigen Grabsteinen oder Ringsteinen den auf dem Fische ruhenden und in den Rücken desselben gleichsam hineinverwachsenen Korb mit Broten sieht: aber anstatt des Korbes trifft man an anderen Bildern das auf dem Rücken des Fisches getragene Schiff, das die Kirche bedeutet. Der Maler wollte offenbar darstellen, wie Jesus die Kirche, deren einzige Stütze er ist, aufrecht erhält. Bei diesem

Schiffe als Sinnbild der Kirche müssen wir noch wegen der hohen Bedeutung, die durch die Jahrhunderte herab nie verkannt wurde, **noch** etwas verweilen.

Sprechen wir zunächst von den Inschriften auf Gravirungen, die ein Schiff vorstellen, dessen Form rundlich ist, wie die der alten Transportschiffe. Auf dem Verdecke stehen Wasserkrüge von gebrannter Erde. Oben auf dem Mast ist der Dreizack aufgepflanzt und auf dem Hintertheile bemerkt man eine Taube mit einem Palmenzweig im Schnabel. Was will uns unter dieser geheimnißvollen Form anders gezeigt werden, als die die Welt durchschiffende Kirche, beladen mit ihren Gläubigen, das Kreuz als Standarte, den heiligen Geist als Führer und den Sieg als Verheißung.

Begeben wir uns nun zu den Gemälden. Diese erweitern noch den Kreis der Darstellungen. In einer Gruft des Cömeteriums des Callistus sehen wir ein Gemälde, in welchem das Schiff mitten im Sturme von den Wogen des Meeres gepeitscht erscheint und ein in Todesgefahr schwebender Mann schwimmt mitten in den erregten Wellen. Aber während draußen Alles unruhig und gefahrvoll ist, zeigt uns das Innere des Schiffes das vollständige Gegentheil; hier ist Alles Hoffnung und der Hauptgegenstand des Bildes ist ein Gläubiger, der die Arme mit der ruhigen Zuversicht des Gebetes emporhebt; zur selben Zeit erscheint am Himmel eine mit dem strahlenden Nimbus umgebene Halbfigur, welche die göttliche Kraft bedeutet; diese legt ihre schützende Hand auf den Christen, der sie angerufen hat. Dieses Gemälde stellt doch offenbar in Farben dar, was der heil. **Hyppolytus,** ein Zeitgenosse der Fresken, mit den Worten ausspricht: „Wir, die wir im Sohne Gottes hoffen, wir sind von den Ungläubigen verfolgt. Die Welt ist ein Meer, auf welchem die Kirche, wie ein Schiff auf dem Ocean, von den Wogen gepeitscht, aber nicht verschlungen wird." De Antichristo c. 39.)

Mit welcher Zuversicht sollten nicht die Christen des neunzehnten Jahrhunderts diese Gemälde als Werke des Glaubens eines ihrer vor sechszehnhundert Jahren gestorbenen Brüder betrachten und welche Verehrung dem Künstler bewahren, dessen Hand kurz nach dem Tode der heil. **Cäcilia, vor Decius** und Diocletian, ohne zu wanken, die Stürme und Siege der Kirche prophezeite!

Noch haben wir nicht Alles über das Schiff der Kirche gesagt; die Krypten neben jenen von uns betrachteten bieten uns Mittheilungen, welche denen der ersteren an Interesse nicht nachstehen.

Wieder haben wir die Ansicht eines Sturmes vor Augen. Die Nebenpartien bezeichnen hier den Ort und den Zeitpunkt. Wir sehen einen von einem Schiffe herabgestürzten Mann und ein Ungeheuer, das sich anschickt, denselben zu verschlingen. Dieser Mann bedeutet Jonas, sagen wir. Gut, aber im Schiffe selbst sehen wir einen Reisenden stehen, welcher in der dem christlichen Gebete eigenen Haltung die Arme erhebt. Wen stellt dieser vor? In einer angrenzenden Krypta finden wir eine ähnliche Darstellung, nur ist es dieses Mal nicht mehr die betende Gestalt, welche in dem Schiffe steht, sondern das nackte unverhüllte Kreuz ist auf dem Hintertheile des Schiffes aufgepflanzt.

So ist es einerseits das Bild des Christen, andrerseits jenes seiner Kriegsfahne. Aber welches ist das innere Band, das diese beiden Ideen verknüpft und mit der geschichtlichen Erinnerung an das Schiff des Jonas dem lebendigen Gedanken an das Schiff der Kirche verbindet?

Wer sich der feierlichen Worte des göttlichen Heilandes erinnert, als er in Jonas seine prophetischen Zeichen nachwies, dem kann der Zusammenhang obiger Bilder nicht mehr dunkel bleiben. Offenbar bildet der Sieg über den Tod und die Auferstehung nach drei Tagen die Grundlage der Sinnbilder. Und — ob nicht die alten Christen, welche für die Sinnbilder des alten Testamentes so klares Verständniß hatten, zwischen dem schuldigen Jonas, der sich freiwillig in die Tiefe stürzen ließ, um dem Schiffe die Rettung vom Untergange und die Fortsetzung seines Laufes zu ermöglichen und Jesus, der sich mit den Sünden der Welt belud und starb, um dem Schiffe der Kirche den Weg des Heiles zu eröffnen — so hinreichende Beziehungen gefunden haben, um die Verschmelzung beider Bilder zuzulassen, wer möchte das bezweifeln?

So haben wir in allen diesen Gemälden die verschiedenen Sinnbilder gesehen, in denen sich die Kirche hier zur Anschauung bringt, die Arche mit den von ihr geschützten Gläubigen, mit dem Grunde und dem Zeichen ihrer Hoffnung, — dem Anker und Kreuze, — mit dem Mittel ihrer Wirksamkeit, dem Gebete, mit ihren himmlischen Kräften, den heil. Sakramenten — die Stütze, welche sie aufrecht hält, und der Geist, welcher sie leitet, nämlich der heil. Geist, die Taube mit dem Palmzweige im Schnabel — in der Palme endlich, welche das äußerste Ziel ihrer Fahrt bezeichnet, haben wir die Erinnerung an den Kreuzestod des Herrn gefunden, den Schlüssel, welcher ihr den Horizont der Zukunft und den Weg der ewigen Glückseligkeit eröffnet hat.